Christian Biecher

by Cristina Morozzi/Philippe Trétiack

architecte

Photographs Luc Boegly

Ante Prima
AAM
éditions

Le projet gourmand
Cristina Morozzi

An epicurean project
Cristina Morozzi

Les architectures de Christian Biecher suscitent la gourmandise. Les formes souples et caressantes, les couleurs déclinées en tonalités sucrées, produisent une sensation physique, proche de la saveur d'un bonbon qui fond lentement sous la langue. La métaphore gastronomique, qui vient spontanément à l'esprit (comme l'eau vient à la bouche) découle peut-être du fait que je me suis familiarisée avec le travail de Christian Biecher en fréquentant ses bars et ses restaurants : Le petit café du Passage de Retz, rue Charlot, et le restaurant Korova à Paris. J'ai vécu ses espaces avant de les contempler. Je les ai utilisés comme cliente, avant de les analyser comme critique/spectatrice. Leur fréquentation révèle des qualités qui sont des caractéristiques très spéciales de sa façon de faire des projets.

Toutes ses architectures — il suffit d'en feuilleter rapidement les images — sont appétissantes, comme si elles parlaient au goût avant de s'adresser à la vue. Elles se goûtent et produisent une sorte de « volupté », semblable à celle que décrit Marcel Proust dans la célèbre évocation de la « madeleine » : « Mais à l'instant même où la gorgée mêlée des miettes du gâteau toucha mon palais, je tressaillis, attentif à ce qui se passait d'extraordinaire en moi. Un plaisir délicieux m'avait envahi, isolé, sans la notion de sa cause » (Marcel Proust, *À la recherche du temps perdu*, première édition Grasset, 1913).

Il peut paraître inopportun de parler de goût, de saveurs sucrées, de « volupté » à propos d'architectures. Mais c'est justement parce qu'elles sont « gourmandes » que les architectures de Christian Biecher sont spéciales et absolument contemporaines.

Aujourd'hui, on ne se limite pas à construire des édifices, à dessiner des espaces, mais à travers la définition des peaux et des tonalités, on produit des sensations. On stimule les sens, les cinq sens, sans en exclure un seul.
« La sensorialité utilise les dimensions phénoméniques, plutôt qu'idéales », écrit Anna Barbara, architecte, professeur d'esthétique sensorielle au Techno Master Brain à Séoul, auteur de plusieurs essais et collaboratrice de revues d'architecture. Et elle ajoute : « Les territoires du projet où les sens devien-

Christian Biecher's designs incite indulgence. The flowing, relaxing forms and sugared colours produce a physical sensation, much like that of a sweet slowly melting under the tongue. The epicurean metaphor that spontaneously comes to mind (like a mouth-watering morsel) may stem from the fact that my knowledge of works by Christian Biecher initially resulted from having visited his bars and restaurants, such as Le petit café du Passage de Retz on Rue Charlot and the Korova restaurant in Paris. I experienced his spaces before really thinking about them. I saw them as a customer before analysing them from a critical or spectator's point of view. Visiting these places revealed a number of qualities that are particularly characteristic of his way of designing projects.

All his architectural projects are appetising, as can be seen by rapidly flicking through the images, as if they addressed a sense of taste before trying to attract the eye. They are tasted and produce a sort of "voluptuousness" similar to that described by Marcel Proust in his famous evocation of the Madeleine cakes: "No sooner had the warm liquid mixed with the crumbs touched my palate than a shudder ran through me and I stopped, intent upon the extraordinary thing that was happening to me. An exquisite pleasure had invaded my senses, something isolated, detached, with no suggestion of its origin (Marcel Proust, *À la recherche du temps perdu*, first edition Grasset, 1913, translated by G. K. Moncrieff, 1922).

It might seem inopportune to discuss taste and sugared flavours when discussing architecture. But it is precisely because they are "gastronomic" that architectural designs by Christian Biecher are special and altogether contemporary.

In today's world, we do not simply limit ourselves to building buildings and designing spaces. We go further, defining skins and colour tones, we produce sensations. We stimulate the senses, all five of them, without a single exception.
"Sensoriality uses phenomenic dimensions rather than ideals" wrote Anna Barbara, architect and professor of sensorial aesthetics at Techno Master Brain, Seoul, author of several essays and contributor to architectural reviews. She added: "The territories of a project where the senses become a

5

nent mesure ont comme recherche l'extension de la perception, naturelle ou artificielle. Dans ces lieux, l'une des références est la bulle émotionnelle qui flotte dans un paysage toujours changeant et enveloppant [...]. » Et elle conclut : « Les sens sont en train de replacer le corps au centre du projet et c'est sur eux que les nouvelles dimensions seront calibrées. » (Anna Barbara, *Storie di architettura attraverso i sensi*, Milan, Bruno Mondadori, 2000).

Le fait que Christian Biecher soit aussi *designer* (généralement pour des pièces en série limitée pour Mouvements Modernes, ou pour des éditions destinées à décorer ses intérieurs), l'amène parallèlement, et non par voie de conséquence, à une forme de concision architecturale. « Le *design*, affirme Christian Biecher, est un travail de synthèse qui se condense dans un geste. Le *design* nous habitue à faire de l'*editing*. Il doit être un concentré efficace. Il nous apprend à tout dire dans un vase. » Et il précise : « Il n'y a pas de conflictualité entre le travail du *designer* et de l'architecte, ce sont des disciplines parallèles. Je fais peut-être du *design* en tant qu'architecte ; je n'arrive pas à penser au marché, aux tendances, mais j'essaie « de dire le possible » dans une forme et dans une couleur. » Comme il l'avoue lui-même, sa familiarité avec la couleur lui vient elle aussi du *design*. Il l'utilise avec désinvolture dans des tonalités parfois inhabituelles pour l'intérieur et l'architecture. En particulier, le bleu ciel. Il a hérité son amour pour le bleu de Felix Gonzales Torres, un artiste qui l'inspire beaucoup et qui lui a enseigné à ne pas avoir peur de son côté infantile et à exprimer son envie de ne pas être trop sérieux. Christian Biecher cultive l'enfant qu'il a été pour produire de l'étonnement. On songe au « *Fanciullino* » de Giovanni Pascoli (1855-1912), un célèbre poète italien : « quand nous grandissons, il reste petit ; nous allumons dans nos yeux un nouveau désir, pendant qu'il y garde son étonnement serein. » Il semble que Christian Biecher cultive sa candeur, qu'il préserve au fond de lui-même un peu d'« étonnement serein », ce qui l'aide à parler avec le langage des émotions et des sensations. Ses écrans perforés, ses rideaux, comme le rideau de perles dorées de Felix Gonzales Torres, servent à cacher les difficultés de la vie.

L'art est une fréquentation assidue, en particulier Paul Klee qui a exploré plus que d'autres le rapport entre la nature et la

measurement have as research the extension of natural or artificial perception. In these environments, one of the references is the emotional bubble that floats in a constantly changing and enveloping landscape [...]", and she concluded by stating: "The senses are replacing the body in the centre of a project and it is through an understanding of these that new dimensions will be calibrated" (Anna Barbara, *Storie di architettura attraverso i sensi*, Milan, Bruno Mondadori, 2000).

The fact that Christian Biecher is a *designer* as well as an architect (generally for limited edition works for Mouvements Modernes or productions intended to decorate his interiors) also leads him to a form of architectural conciseness. "*Design*", explains Christian Biecher, "is a form of synthesis that condenses ideas in a single gesture. *Design* gets us used to the concept of *editing*. It needs to be an efficient concentrate able to express all we want to say through, for example; a vase". And he goes further: "There is no conflict between the work of a *designer* and that of an architect because they are parallel disciplines. If I so choose, I, as an architect can carry out design work. I am not at all interested by contracts or trends, all I try to do is 'say what is possible' within a given form or colour". As he admits himself, his familiarity with colour is derived from *design*. He nonchalantly uses occasionally unexpected colour tones for interiors and architecture, chief among these being sky blue. He inherited his love for blue from Felix Gonzales Torres, an artist who greatly inspired him, teaching him not to be afraid of his childlike side and to have the courage to avoid being overly serious. Christian Biecher cultivates the child he was in the past to produce a feeling of astonishment. This brings to mind the words of "*Fanciullino*" by Giovanni Pascoli (1855-1912), a well-known Italian poet: "as we grow up, he remains small; we light in our eyes a new desire while he retains his serene astonishment". Christian Biecher cultivates his candour, retaining deep within himself a little of that 'serene astonishment', a gift that allows him to talk in the language of emotions and sensations. His perforated screens and curtains, such as the gilded pearl curtain for Felix Gonzales Torres, serve to conceal the difficulties of life.

He has a great love of art, especially Paul Klee who, more than

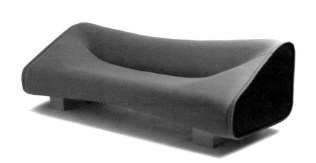

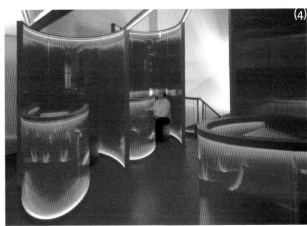

géométrie. La nature le fascine avec son bourgeonnement de formes. Ce n'est pas un hasard s'il y a parmi ses sources les photos de plantes de Karl Blossfeldt (1865-1932), peintre et photographe, un des principaux représentants de la « Nouvelle Objectivité ». Mais ce qu'il tente de faire, c'est de dépasser le phyto-morphisme, qui conduit inévitablement à privilégier les éléments décoratifs, par un mécanisme d'abstraction, de géométrisation et de contrôle sévère sur la genèse formelle.

« Les peaux de l'architecture », déclare-t-il, « sont comme un habit », et c'est encore mieux s'il est brodé car il projette ses ombres découpées dans l'intérieur, comme dans l'immeuble Nissen à Kyoto (1). Les broderies l'influencent : sur la table trône un livre sur les broderies conservées au Musée de Strasbourg. La façade de Harvey Nichols à Hong Kong, par exemple, est l'élaboration macro d'une dentelle de 1829.
Plus que des surfaces, ses façades sont des emballages qui enveloppent les volumes, en leur donnant une plasticité dense. Même les silhouettes les plus articulées et déconstruites sont serrées dans une peau, qui n'est pas seulement décoration, tonalité ou écran, comme c'est le cas dans beaucoup d'architectures contemporaines, mais qui fonctionne comme un tissu connectif : un volume qui embrasse d'autres volumes.
Les projets de *design* nous aident à mieux interpréter son architecture. Ses vases en verre créés pour Sentou (2), sa lampe de sol Koro dessinée pour De Majo, sont une géométrie solide primaire : cônes et cylindres, adoucis par la couleur dense et moelleuse, dont la dimension archétypale révèle de lointaines analogies avec le travail d'Ettore Sottsass. Les géométries de certaines de ses architectures sont elles aussi des archétypes, comme la tour Orco à Varsovie, une « néoformation » de solides, semblable à la traduction géométrique du bourgeonnement dans la nature. Dans la série « Vivre avec » éditée en 2005 par Mouvements Modernes » (Paris), le canapé, intitulé, ce qui n'est pas fortuit, Sophia (d'après Sophia Loren) (3), qui ferait presque penser à un vagin charnu où l'on pourrait se réfugier, introduit une dimension sensuelle, élégante et contrôlée, que l'on retrouve dans l'intérieur vermillon du Pavillon de l'Arsenal (Paris) (4) et dans les

many others, explored the relationship between nature and geometry. Nature, with its budding forms is a constant source of fascination and it is hardly surprising that his sources include photos of plants by Karl Blossfeldt (1865-1932), painter and photographer, and one of the main representatives of the "New Objectivity". He uses a process of abstraction, geometrisation and strict control over formal genesis to avoid any phyto-morphism that would inevitable result in placing emphasis on decorative elements.

He explains that "the skin enveloping architecture is like a suit of clothes", and it is even better if it is embroidered as this allows it to project cropped shadows through to the interiors, as exemplified by the Nissen building in Kyoto (1). He is also influenced by embroidery: a book on the embroideries held by the Strasbourg Museum lies prominently on the table. The Harvey Nichols elevation in Hong Kong, for example, is a magnified presentation of a lacework dating back to 1829.
Rather than just being surfaces, his elevations envelop the building, enclosing the volumes and giving them a dense plasticity. Even the most articulated and deconstructed silhouettes are contained within a skin that, rather than simply acting as decoration, tonality or screen as in the case of a great deal of contemporary architecture, provides a connective fabric that enfolds other volumes.

His *design* projects help us to better interpret his architecture. The glass vases created for Sentou (2) and the Koro floor lamp for De Majo reveal a solid primary geometry of cones and cylinders, softened by dense soft colours, whose archetypal dimensions reveal distant analogies to works by Ettore Sottsass. The geometries of certain of his architectural works are also archetypes, such as the Orco tower in Warsaw, a "neoforming" of solids resembling a geometric interpretation of budding nature. In the "Vivre avec" series, produced in 2005 by Mouvements Modernes (Paris), the sofa, not quite fortuitously named Sophia (in reference to Sophia Loren) (3), calls to mind images of enveloping curves, introducing a sensual, elegant and controlled dimension hidden away in the vermillion interior of the Pavillon de l'Arsenal (Paris) (4) and the soft, rounded forms of the Petit Café du Passage de Retz (Paris) (5).

(5)

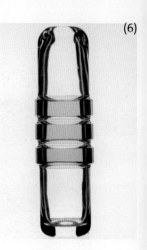

(6)

rondeurs adoucies du Petit Café du Passage de Retz (Paris) (5). Le cristal devient lui-même une pâte douce dans le vase « Trois-roses » (6) pour Baccarat. Les bandes colorées qui ceignent le corps du vase évoquent les peaux colorées et décorées qui embrassent les corps architecturaux.

C'est avec un équilibre rare que Christian Biecher mêle dans ses projets des références à la tradition et des visions futuristes : matériaux, décors et couleurs de la tradition avec les pixels numériques que l'on retrouve sur la façade de la maison de quartier à Shiki au Japon et dans les tapis créés par la marque Tai Ping. Par contre, dans son bâtiment scolaire parisien, une création récente, la peau est rouge (7). Dans ce cas, la couleur est mémoire : mémoire des vieilles écoles de la capitale française dont les façades sont en briques rouges. Mais actualisée par l'emploi d'un nouveau type de ciment coloré, doté d'une finition superficielle qui peut être lisse ou rugueuse, comme la peau humaine, et par la division triangulaire, qui renvoie à l'angle du toit.

La couleur n'est pas seulement tonalité ou finition, mais lumière qui rend les volumes fluides et enveloppants. Cette capacité à utiliser la couleur comme lumière révèle une parenté avec le travail de l'artiste Olafur Eliasson, une autre référence importante de Christian Biecher. Il ne craint pas les tonalités violentes, les à-plats pleins, mais il les utilise de manière naturelle, comme s'il possédait le secret pour voler les couleurs qui vibrent dans l'air : des couchers de soleil enflammés, du soleil au zénith, des ciels nocturnes ou des ombres. Ce ne sont pas les couleurs chimiques de la période pop, car on dirait les pourpres, les indigos et les ors que les marchands des temps anciens ramenaient d'Orient. Elles sont végétales, comme celles que l'on extrait des herbes et des racines, lumineuses et intenses, mais toujours douces et apaisantes. Elles sont peut-être même romantiques, comme le rose, note dominante des intérieurs de Fauchon (8), la couleur classique de la Maison, que Christian Biecher a adoptée pour donner « bonne mine » aux espaces. Les couleurs indiquent la température de ses projets, toujours chaude et invitante. Elles suggèrent le goût « gourmand » de ses intérieurs. Elles les rendent brillants comme des glaçages, juteux,

Even crystal becomes malleable when used for the "Trois-roses" (6) vase for Baccarat. The coloured bands wrapping around the main form of the vase are reminiscent of the coloured and decorated skins enclosing works of architecture.

Christian Biecher creates an extraordinary equilibrium in his projects, combining references to tradition and futurist visions; such as the traditional materials, decors and colours combined with digitalised pixels for the Shiki community centre in Japan or the rugs created for the Tai Ping brand. In contrast, his recent Parisian school building is clad in a red envelope (7). This colour equates with memory: memory of the old schools to be found in the French capital city with their red brick elevations. The colour has been brought up to date through the use of a new type of coloured cement whose finish can be either smooth or rough, like human skin, and by the triangular division making reference to the roof angle.

In addition to providing tonality or finish, colour is also interpreted as light able to render volumes both fluid and enfolding. This capacity to use colour as light reveals a kinship with works by the artist Olafur Eliasson, another important reference for Christian Biecher. He has no fear of violent tonalities or solid tints and uses them in a natural manner, as if he held the secret of how to extract colours as they vibrate in space: glowing sunsets, the sun at its zenith, nighttime skies and shadows. The colours he creates are not the acid colours of Pop-Art but are rather reminiscent of the purples, indigos and golds that merchants in the distant past brought back from the Orient. They are natural colours, colours extracted from herbs and roots, luminous and intense colours that are nevertheless always soft and soothing. They can even be romantic, like the dominant pink used for the Fauchon (8) interiors, the colour traditionally used for this shop, that Christian Biecher has adopted to give a rosy glow to the spaces. Colours reveal the temperature of his projects — always warm and inviting. They suggest the "epicurean" taste of his interiors. They give them a burnished feeling, the juiciness of a sweet. In other words, colours offer a certain "voluptuousness". He creates spaces to visit, to live in and to taste. Lying in the centre of Christian Biecher's projects and as expressed by Anna

comme des bonbons. En un mot, « voluptueux ». Non seulement à fréquenter et à habiter, mais à goûter. Au centre des projets de Christian Biecher, comme Anna Barbara l'appelle de ses vœux (ibidem), il y a le corps avec ses sensations, la personne avec « sa bulle émotionnelle » qui flotte d'une merveille à l'autre, d'une douceur à l'autre.

Dans la recherche des détails, dans certaines palettes chromatiques, on peut lire des renvois aux artifices de la haute couture. Mais contrairement à certaines expressions de pointe du nouveau *design*, qui a redécouvert les arts féminins pour offrir une touche de fable aux projets, dans les intérieurs de Christian Biecher tout est contrôlé par la rigueur de l'approche géométrique. Il n'y a pas de nostalgies, de *revival* ni de baroquismes. Au contraire, les ajours et les broderies se révèlent comme des expressions pertinentes de la technologie la plus avancée, capable de reproduire les virtuosités manuelles, en les débarrassant du poids de la matière. Ses projets expriment la conciliation entre le masculin de la raison et le féminin de l'émotion : le trait « gourmand » n'est jamais écœurant. Ses travaux sont des « étonnements sereins », jamais aliénants, toujours conciliants. Son architecture est spectacle, mais d'un genre intimiste. Elle n'est pas déclamation, comme beaucoup d'œuvres des superstars, mais narration, capable d'enchanter comme les récits des *Mille et une Nuits*. De couleur en couleur, de renvoi en renvoi, comme une trame délicate et légère, elle enveloppe dans une bulle qui isole de la dureté de la vie. Dans les intérieurs de Harvey Nichols, il parvient à illustrer l'essence de l'élégance, en la débarrassant de la temporalité des modes. Dans ceux de Fauchon, il condense les excellences du goût, en évitant l'indigestion.

Il caractérise sans être didactique, en offrant une iconicité aux espaces. Il capture l'âme des lieux et la peint avec une grande maîtrise, en évitant la tentation du figuratif.

Barbara, there is a creation of bodily sensation, an "emotional bubble" that floats from one marvel to another, from one pleasure to another.

His search for details and certain chromatic palettes clearly reveals references to the skillful devices of haute couture. But unlike certain fashionable aspects of new design which has rediscovered the feminine arts to give a touch of fairytale to projects, the interiors designed by Christian Biecher are fully controlled by his rigorously geometric approach. There is no harking back to the past, no *revivals* or Baroque quotes. On the contrary, his use of openwork and embroidery reveal themselves to be appropriate expressions of leading edge technologies able to reproduce manual virtuoso renderings while dispensing with the weight of the material. His projects express the conciliation between a masculine expression of reason and a feminine expression of emotion, without any cloying embellishment. His architecture is both theatrical and intimate. Rather than declaim, as do many works by architectural superstars, it offers a narration able to enchant in the same manner as the tales from *"The thousand and one nights"*. From colour to colour, led from one space to another by a delicate and almost invisible route, it envelops those visiting and using the spaces in a bubble isolating them from the difficulties of day to day life. The Harvey Nichols interiors successfully illustrate the essence of elegance, a timelessness that reaches beyond fashion. The spaces inside Fauchon condense the excellence of taste while avoiding any indigestion. They characterise without being overbearing, providing them with an iconic presence.

He captures the spirit of the settings, expressing it with great control and mastery while avoiding the temptation of becoming figurative.

De l'allure
Philippe Trétiack

D'abord des châtaignes, en guise de madeleine de Proust, lavée aux mousses et aux sous-bois. Une évocation d'Ardèche, du temps perdu, quelques échos d'enfance et même d'enfantillages. Puis du baroque. Des chapiteaux d'églises, de l'alsacienne abbaye d'Ebersmunster, entre Sélestat et Strasbourg. Tout un froissé de vaguelettes, de volutes sur glacis. Comme une traînée de sucre laissée sur le pain d'épice, un nappage cristallisé sur une tarte aux myrtilles. De la volupté scintillante. Sa première création *design* fut une coupe de fruits (9). Ensuite, des moteurs. Des pistons, des claquements de cylindres, des culbutos, des bolides, des flux, des traces de pneu. BMW, Moto Guzzi, poignée dans le coin, dérapages casqué, toujours de noir vêtu tel un architecte chanté par Édith Piaf. De l'allure. Au premier coup d'œil, il impose son physique de papier glacé, son profil de cinéma, acteur, mannequin, calme et souriant, lissé, policé. Un humain *designé* avec souplesse, fluide comme un tombé de vêtements. Il faut toujours écouter les étoffes, et il en a.

Apprentissage, télescopage
À l'école d'architecture de Strasbourg, il avait certes rencontré le bouillonnant, l'extraverti Gaetano Pesce mais c'est à Paris-Belleville, Mecque des corbuséens, qu'il est venu achever son cursus. Années fébriles et consciencieuses, tirées auprès du maître Henri Ciriani, le pédagogue respecté, l'enseignant péruvien adopté par la France et ses disciples conquis. Comme les autres, il peaufine alors LA méthode. Il reste dans les clous. Puis la rigueur fait place à la furie. L'écoute à la révélation. La visite de l'exposition Bernard Tschumi à l'IFA en 1985 secoue son cocotier de certitudes en béton brut. Alors, tout change et c'est l'assaut. Un appel chaque vendredi et pendant six mois jusqu'à franchir la porte de l'atelier de ce Tschumi surgi de nulle part. Biecher insiste, jusqu'à l'embauche. « Ce qui comptait c'était la régularité dans les coups de fil ». La méthode Ciriani en quelque sorte, avec son dogme et son obstination, mise au service d'un bouleversement. Et ça marche. Embauché ! Deux années durant, le temps d'achever son diplôme, il trime à l'agence. Il en passera quelques autres dans le studio new-yorkais de Tschumi, dessinant ses projets à l'aérographe et à l'acrylique rouge sur fond noir. De son poste d'observation privilégié, il est aux premières loges

Allure
Philippe Trétiack

First, like Proust's Madeleine cakes, the inspirational taste of chestnuts freshly picked from where they have fallen onto the soft moss below the towering trees. An evocative recollection of the Ardèche, lost time, echoes of childhood and even childishness. And then the Baroque, church capitals and the Alsatian abbey of Ebersmunster lying between Sélestat and Strasbourg. A crumpled series of wavelets and glazed scrolls. Like a dusting of icing sugar on gingerbread or the crystallised topping on a blueberry tart. Scintillating voluptuousness. His first designed creation was a fruit bowl (9).
And then the power of speed. Pistons, the throb of cylinders, rockers, roaring engines, the smell of burning rubber. BMW, Moto Guzzi, hard acceleration, controlled skids; hidden behind a mask, always in black, like an architect sung by Édith Piaf. Allure. He impresses with his glossy look, his movie star and model-like profile, always relaxed and smiling, smooth and urbane. A person who has been subtly designed, fluid like well-cut clothes. A man with the right stuff.

Apprenticeship, intermingling
While he met the effervescent and extraverted Gaetano Pesce at the Strasbourg school of architecture, it was at Paris-Belleville, the Corbusian Mecca, that he completed his studies. Feverish and conscientious years studying under the highly respected Henri Ciriani, the Peruvian professor adopted by France and his convinced disciples. Like the other students, he put the finishing touches to THE method. He closely followed the doctrine. And then rigour gave way to passion. A revelation took place. A visit to Bernard Tschumi's exhibition at the French Institute of Architecture in 1985 made him question his beliefs in the powers of concrete. His eyes were opened to a new world and he went on the offensive. He called every Friday for six months until he finally managed to push his way through the door of Tschumi's agency, this unknown who had sprung up from nowhere. Biecher insisted, continuing his assault until he was hired. "What was important was the regularity of the phone calls". In a way, he used the Ciriani method, continuing a dogmatic and obstinate approach until success was achieved. And it worked, he was hired. For two years, the time needed to graduate, he slaved away in the agency. He spent a few more years

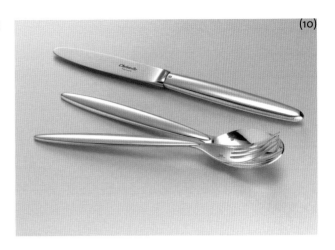

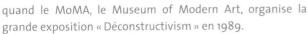

quand le MoMA, le Museum of Modern Art, organise la grande exposition « Déconstructivism » en 1989.

Manifestation clef, expo manifeste, point d'orgue, elle consacre une famille de créateurs en devenir stratosphérique. Libeskind, Hadid, Koolhaas, ils sont tous là. Il les retrouvera plus tard. De Manhattan, il suit encore l'achèvement du grand axe des Folies de La Villette. Avec son mentor, il casse la boîte, il disperse le cube. Et c'est ainsi qu'entre un salmigondis d'influences et sa décantation, il passe doucement du quant-à-soi, à la quintessence. Car de cette rencontre entre Ciriani et Tschumi, entre un pape du néo-modernisme et un zélateur des flux et des brisures, Christian Biecher tire un savoir-faire et des audaces, un précipité nourri dans la lenteur.

Depuis, il chemine.

Fiat Lux

Soyons directs. Christian Biecher est né, doté des initiales d'une carte de crédit. On lui fait. Ses clients croient en son talent, adhèrent à ses choix. C'est sa chance, son luxe. D'ailleurs l'univers chic et cher de la mode l'apprécie. Harvey Nichols à Hong Kong et Dublin, Fauchon, l'épicerie fine, à Paris comme à Pékin, Pierre Hermé rue de Vaugirard, Baccarat, Christofle (10), quelques références... entre autres.

Sa carrière professionnelle débute dans les années 90 à l'époque où l'on encense Agnès B, où l'on découvre Starbucks. Il crée son agence en 1993 et sa première série d'objets, en céramique, reçoit le soutien d'un monstre sacré : Andrée Putman. Elle présente ses travaux dans les locaux de sa société Écart International et ce parrainage influe sur l'image Biecher. Architecte, il est soudain perçu comme *designer*. C'est une déformation d'optique qui tient aussi à son élégance. Il n'a pas le physique d'un chef de chantier et pourtant il construit. Qu'importe, lui se définit comme « tridimentionnaliste ». Christian Biecher est un touche-à-tout. Il accomplit des sauts d'échelle avec une sûreté qui n'est pas si fréquente. Il danse.

Mémoire

« Ma grand-mère avait énoncé ce que serait ma carrière : « On en fera un architecte de celui-là ». Il faut dire qu'enfant, je bâtissais des maisons en Lego®. À 5 ou 6 ans je me passionnais pour la construction. » Comme tous les créateurs, Biecher

in Tschumi's New York agency producing airbrush and red acrylic on black background drawings. From his privileged observation platform, he was in the right place at the right time when MoMA, the Museum of Modern Art, organised the large "Deconstructivism" exhibition in 1989. This key event, a definitive manifesto exhibition, was dedicated to a group of designers developing a stratospheric reputation. Libeskind, Hadid and Koolhaas were all there. He would find all these architects later. From Manhattan, he continued to work on the completion of the Folies grid for the Villette Park in Paris. Working with his mentor, he broke down boxes and opened up cubes and, in so doing, gradually refined a hotchpotch of influences to achieve his personal quintessence. These encounters with Ciriani and Tschumi, with the pope of neomodernism and the zealot of flows and fragmentation, led Christian Biecher to develop a know-how and boldness, an impulsiveness nourished from thoughtful beginnings.

Since then, he has followed his own path.

Fiat Lux

Let's be clear about it, Christian Biecher was born bearing the initials of a credit card. And it is well-earned credit. His clients believe in his talent and support his choices. This is his opportunity, his luxury. He has been adopted by the chic and costly fashion world. His references, among others, include Harvey Nichols in Hong Kong and Dublin, Fauchon, the gourmet food shop in Paris and Beijing, Pierre Hermé on Rue de Vaugirard in Paris, Baccarat and Christofle (10). His professional career began in the 1990s at the time when Agnès B was being lauded and Starbucks began flexing its muscles. He opened his agency in 1993 and his first series of objects, made from ceramic, received the support of one of the decade's superstars: Andrée Putman. She presented his works in the premises of her Écart International company and this promotion had a considerable influence on the Biecher image. From being an architect, he suddenly found himself seen as a designer. This new role also owed much to his elegance. Despite not having the physique of a site manager, he is nevertheless a builder who defines himself as a "three-dimensionalist". Christian Biecher is prepared to turn his attention to anything and everything. He leaps from one scale to another with unusual assurance. He dances.

reconstitue son passé à l'aune de ce qu'il est devenu. Peut-être faut-il le croire. Il était destiné à devenir architecte comme Simenon romancier et Fourrier utopiste. Tangible demeure sa mémoire et sa passion pour les jours fanés. Il sait puiser dans l'histoire pour rajeunir les marques qu'il épaule, pour rénover les cadres de restaurants, les halls d'hôtels, les angles de rues... sans pour autant sombrer dans une nostalgie patrimoniale invalidante. Le passé ne fait que passer.

People

C'est en 2002, en remportant un concours privé pour l'aménagement du restaurant de Jean-Luc Delarue et Hubert Boukobza, le Korova (11) (la vache, du nom du milk-bar du film *Orange Mécanique*) que Christian Biecher accède aux médias. « D'un coup je suis devenu un « people » et c'était absurde ! Je recevais une demande d'interview par jour et cela a duré deux ans. La presse slovène, mexicaine, polonaise me poursuivait. ». Heureusement pour lui, il gagne en 2004, le concours d'aménagement du Centre d'animation de la place des Fêtes dans le 19ᵉ arrondissement de Paris. Il y a une vie après les stars.

La forme

« Quand j'étais professeur à Columbia, je citais Gilles Deleuze dont les livres *L'image-mouvement. Cinéma 1* (Les éditions de Minuit, 1983) et *L'Image-temps. Cinéma 2* (Les éditions de Minuit, 1985) m'avaient marqué. Ensuite j'ai souvent cité Peter Sloterdijk qui dans « Bulles » a écrit : « Le monde est une histoire de forme ». Je me suis dit que si j'oubliais tout, il resterait les formes. Pour moi c'était là une véritable révolution personnelle, presque une libération, une revanche. Durant mes études, la forme était honnie, en parler était honteux. Aujourd'hui je la manipule avec plaisir. » Biecher le rappelle, on ne construit que sur l'adversité ; il faut appuyer là où ça fait mal. Y compris en soi-même. La gangue des habitudes doit être sans cesse abrasée. La confiance naît de cette confrontation permanente. « Quand j'étais jeune un numéro de *Libération* intitulé « Pourquoi écrivez-vous ? » m'avait profondément touché. À cette question, Michel Leiris avait répondu : « pour ramener la complexité du monde à une chose qu'on maîtrise ». Je crois moi aussi, que les architectes ont pour tâche de

Memory

"When I was very young, my grandmother already had a clear idea of what career I should follow: "We'll make an architect out of this one". I spent my time as a child building houses from Lego® sets. By five or six, I was already fascinated by construction". Like all creators, Biecher reconstructs his past on the basis of what he has become. But maybe this is what really happened. Maybe he was predestined to be an architect in the same way that Simenon was to become a novelist or Fourrier a utopian. His memory and passion for the past are both tangible. He knows how to draw from history to give a fresh look to the brand names he represents, to renovate the layouts of restaurants, hotel lobbies and street corners, without ever falling into the trap of designing an invalidating nostalgia for a past that is no more than a fleeting moment.

People

It was in 2002, having won a competition for the Korova restaurant (11) (named after the milk-bar in the film 'Clockwork Orange') owned by Jean-Luc Delarue and Hubert Boukobza that Christian Biecher fell under the media spotlight. "It was absurd, all of a sudden, I was a 'celebrity'! For two years, I received requests for interviews every day. I was being chased by the press from as far afield as the Slovenia, Mexico and Poland". Luckily for him, he won a competition for the layout of the activities centre on Place des Fêtes in the 19th arrondissement, Paris. Proof that life goes on — even after stardom.

Form

"When I was teaching at Columbia, I often mentioned Gilles Deleuze whose books 'L'image-mouvement. Cinéma 1' (Les éditions de Minuit, 1983) and 'L'image-temps. Cinéma 2' (Les éditions de Minuit, 1985) had considerably influenced me. I also cited Peter Sloterdijk who, in 'Bulles', had written: 'The world is a history of form'. I told myself that even if I forgot everything else, at least forms would survive. It was a sort of personal revolution for me, almost a liberation, a revenge. When I was studying, form was untouchable and it was reprehensible to even mention it. Nowadays, I handle it with pleasure". Biecher reminds us that it is not possible to design without adversity; that it is necessary to apply pressure

rendre le monde moins effrayant en le maîtrisant un peu ». Ce n'est pas que Biecher milite pour une architecture gentille mais on devine que la laideur ajoutée au monde par 98% de ses confrères, l'atterre. « Le Japon n'est pas exempt d'horreur urbaine, bien au contraire, mais sa culture du *kawaï* (mignon) le sauve. Les petites maisons, les petites fleurs… tout y est graphique, ordonné. On s'y sent bien ». Et c'est pour cette raison que, pour lui comme pour d'autres, perdre un concours est si douloureux, car il faut alors admettre que l'univers imaginaire auquel on s'était identifié ne verra jamais le jour. La nuit du réel est vouée à perdurer.

Le pli

« Chez Bernard Tschumi, il n'était pas rare de voir Jacques Derrida passer au bureau. À l'époque, je continuais à lire Gilles Deleuze car après ses deux livres sur le cinéma dont je m'étais inspiré pour mon diplôme, j'avais acheté son ouvrage sur le pli, en 1988, comme on achète le nouveau roman de son auteur préféré. Et cela m'a secoué. C'est ce livre-là qui m'a permis de refaire le lien avec l'enseignement de Ciriani. J'ai pu y rattacher ma passion du baroque. Tschumi c'était *point, ligne, surface*, l'héritage de Malevitch, ce que le constructivisme russe avait magnifié avec Kandinsky. Ciriani c'était l'approche scientifique. Le processus constructif lié à la géométrie. Des exercices enchaînés sur le carré, la diagonale, la dilatation, l'espace court, en hauteur, bref un catalogue de formes, un catéchisme méthodologique, jusqu'à épuisement. Alors, j'ai repris ces surfaces que Ciriani travaillait sans cesse et je les ai pliées (12). Et des volumes en sont nés. Je me suis mis à travailler sur les surfaces, j'ai emballé les projets, dessus, dessous, sur les côtés. J'ai touché à la grande découverte de Jean Prouvé : une feuille de métal, mince, fragile et légère, une fois pliée devient solide. À cela j'ai ajouté de la dynamique, une rythmique ». Biecher a pratiqué le piano durant vingt ans, et quand il travaille c'est dans un bain de musique électronique. Il fait ses gammes.

Adolph Loos

Biecher ne se retrouve pas dans l'architecture chewing-gum, dans la souplesse des rubans, des tores, dans cette explosion formelle qui trouve en Zaha Hadid sa zélatrice adulée. Pour-

where it hurts — including within oneself. Hidebound habits need to be constantly broken and the result of this constant confrontation is the development of confidence. "When I was young, I was deeply moved by an article I read in the Libération newspaper called 'Pourquoi écrivez-vous?' (Why do you write?). Michel Leiris answered the question by writing: 'to reduce the complexity of the world to something that can be controlled'. I strongly believe that one of the roles played by architects is to make the world a little less scary by imposing a degree of control". It is not that Biecher argues in favour of a 'nice' architecture, but rather that he is appalled by the ugliness added to the world by 98% of his fellow architects. "Although Japan is not exempt from urban horrors, the country is saved by its kawai (cute) culture. Small houses, little flowers… everything is graphic, neat and tidy. You cannot help but feel good". And this is why, for him and for others, losing a competition is painful because you have to accept that the imaginary universe that has been created will never see the light of day. The darkness of reality will continue to exist.

Folds

"Jacques Derrida often used to drop by Bernard Tschumi's office. At the time, I was still reading Gilles Deleuze because after his two books on the cinema that I had used as a basis for my diploma, I had bought his book on folds in 1988 in the same way that you might buy a new novel by your favourite author. And it really taught me something. It allowed me to recreate a link with Ciriani's ideas and provide a new basis for my love of the Baroque. Tschumi's work was based on point, line and surface, the heritage of Malevitch and what Russian constructivism had developed with Kandinsky. Ciriani had a scientific approach, with the constructive process linked to geometry and resulting in a continuing series of exercises based on the square, the diagonal, expansion, small spaces, tall spaces and so on, in other words an almost never-ending catalogue of forms, a methodical catechism. So I took the surfaces on which Ciriani was continuously working and folded them (12). And this led to the creation of volumes. I began working on surfaces, wrapping projects from their sides, from above and below. I relived the great discovery made by Jean Prouvé: that a thin, fragile and light sheet of

tant, le baroque joue de ses déformations. Les plafonds et les murs ne se rencontrent pas à l'arrête mais débordent les uns sur les autres, se contaminent, se parasitent. « Les plafonds des abbatiales baroques m'ont ouvert les yeux sur ces espaces où la relation entre l'horizontale et la verticale devient floue ». Ce brouillage des codes, Biecher l'a mis en scène dans la boutique de Pierre Hermé à Paris en tirant au plafond un papier peint qui se replie sur les murs. Sans doute s'est-il souvenu de la villa Müller d'Adolph Loos, dans la banlieue de Prague, où le marbre du sol remonte le long des plinthes tandis que la peinture redescend. Il s'en était inspiré pour son diplôme et, fait rare, Ciriani l'avait même autorisé à s'inspirer de la maison de Melnikov à Moscou, « une construction où la façade se déroule comme un papier peint, sans ancrage au sol, sans marquage au sommet ». Dans un seul geste, une seule référence rebelle, tout l'enseignement du maître était défiguré. Pour son diplôme, baptisé « Flux architectural », Biecher dessina une maison pour l'artiste Sapho, en s'inspirant de cette villa dessinée mais jamais construite par Loos pour Joséphine Baker, la danseuse au jupon de bananes ; la croupe de fruits.

L'origami : une trame nommée désir

Au croisement de la rigueur moderniste et de la folie des plis et des replis s'ouvre l'univers ludique de l'origami. Le jeu des découpages en trapèzes, en biais, en angles, Biecher s'y adonne avec une constance qui tient de l'obstination, là encore. Comme tous les acteurs d'aujourd'hui, il travaille à la limite de l'art contemporain, creusant lui aussi le terreau de la série. « Je suis convaincu que nous répondons aux questions qui nous sont posées, moins par de l'architecture que par des dispositifs. En ce sens l'installation d'artiste n'est jamais très loin de mon travail ». Ces pliages, on les retrouve dans son projet de rénovation de la bourse de Budapest (13), dans les immeubles qu'il édifie à Prague, chez Fauchon bien sûr, à Pékin et à Paris, pour la façade encore du futur magasin du Printemps à Lille, dans sa proposition pour un groupe scolaire , une coque à facettes, et dans son bâtiment d'accueil place des Fêtes à Paris, dans l'immeuble d'angle Nissen à Kyoto, avec son grillage blanc inspiré d'un motif traditionnel de kimono, chez Harvey Nichols à Hong Kong, dans la maison de quartier

metal, once folded, becomes solid. I simply added a dynamic and rhythmic interpretation". Biecher has played the piano for the last twenty years and when he works, he bathes in electronic music. He plays his scales.

Adolph Loos

Biecher's place is not in a chewing-gum architectural style, in the flexibility of ribbons and toruses, in the formal explosion expounded by Zaha Hadid. Nevertheless, his interpretation of the Baroque offers its own deformations. Rather than joining up at an angle, ceilings and walls overflow and blend into one another. "The ceilings in Baroque abbeys opened my eyes to these spaces where the relationship between horizontality and verticality become blurred". This breakdown of codes was used by Biecher for the Pierre Hermé shop in Paris where the papered ceiling drapes down onto the walls. It is a device echoing that used by Adolph Loos for the Müller villa in the suburbs of Prague where the marble finish to the floor rises up along the skirtings while the painted finishes drop down. He used this as a basis for his diploma and — an event rare enough to be noted — Ciriani allowed it as inspiration for the Melnikov house in Moscow: "a construction where the elevation unfolds like wallpaper, without being anchored to the ground and without being outlined at the top". By a single rebellious gesture, a single reference, all the master's teachings were distorted. For his diploma scheme, called 'Flux architectural', Biecher designed a house for the artist Sapho, basing it on the villa designed but never built by Loos for Josephine Baker, the dancer famous for her skimpy banana skirt and fruit salad tail.

A love of origami

The playful world of origami lies on the crossroads of modernist rigour and a passion for folds and counterfolds. Like everything else he does, Biecher fully immerses himself in the cutting out of forms into trapeziums, biases and angles with a concentration that is almost an obstinacy. Like all other designers today, his work is on the limit of being contemporary art, creating the conditions to design series. "I am convinced that the answers we give to the questions asked of us depend less on architecture than on systems. As such, my

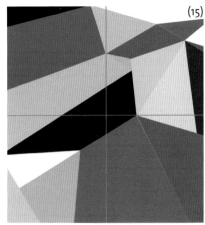

Sora édifiée à Shiki au Japon... En 1969, à six ans, Biecher avait eu la révélation du pop'art lors de vacances passées aux abords de la Grande Motte. Jean Balladur y construisait ses pyramides comme une ode « égyptoïde » à la modernité triomphante des 30 Glorieuses. Cette ville ultra-nouvelle où les façades jouaient les nappes cinétiques imprègne de ses ombres ensoleillées son coup de crayon. « Le carrelage dessiné par Gio Ponti pour l'hôtel Parco del Principe à Sorrente c'était à peu de chose près celui de la salle de bains de nos grand-mères » dit-il encore dans un éclat de mémoire. On y sent aussi la patte d'Andréa Branzi et le livre d'Archizoom, *No stop city*, est sur son bureau. « Je suis fasciné par la démultiplication d'un motif comme la cellule du sommeil ou du travail. Les plans deviennent du papier peint. Je me souviens de l'époque industrielle où le monde était régi plus par les ingénieurs que par les financiers. » Alors, à son tour, il tire des résilles métalliques comme des peaux de dentelle. Des gazes dorées font écho au dessin des revêtements de sol dans la rénovation de la bourse de Budapest (bureaux, restaurant, commerces) et dans le magasin Harvey Nichols. On devine alors l'exaltation que procurent chez lui ces découpages géométriques, comme une narcose de kaléidoscope, un vertige psychédélique rendu possible et pourtant maintenu dans le droit chemin par les logiciels rigides de l'informatique. Le *design* renoue avec les jeux cinétiques grâce au graphisme électronique, dans un chahut « pubard », influencé par le travail en noir, blanc et gris des graphistes de Poptronics, ou les clips de Michel Gondry. Pixels du désir en quelque sorte.

Français, vraiment ?

Ses dessins rappellent les papiers découpés. L'art japonais a pris ses aises dans ses travaux. Il est vrai qu'il a aménagé beaucoup de boutiques au Japon, il y édifie des logements (14). Pour le centre communautaire de Sora dans la banlieue de Tokyo, il a marié le pointillisme de Seurat à l'exigence énigmatique de son client. « Il voulait du français. Il m'a fallu trouver tout seul ce que cela voulait dire : français ». Pour traduction, une façade en carreaux de céramique blanc et jaune. Seurat, Sora (Soleil), démarche en cascade, en abyme, clin d'oeil, loufoquerie ou plus sûrement pouvoir du verbe. Deleuze certes, Lacan, sûrement. Sans doute Christian Biecher

work always bears a likeness to an artistic installation". These folds are highly visible in his renovation project for the Budapest stock exchange (13), the buildings he has designed in Prague, the Fauchon gourmet food shop in Beijing and in Paris, the elevation of the future Printemps retail store in Lille, the facetted shell proposal for a school complex and the reception centre building in Place des Fêtes in Paris, the Nissen corner building in Kyoto with its white grid inspired by a traditional kimono pattern, the Harvey Nichols shop in Hong Kong, and the Sora community centre in Shiki, Japan. In 1969, when he was six years old, Biecher discovered Pop Art during holidays spent next to la Grande Motte on the Mediterranean coast. At that time, Jean Balladur was building his pyramids as a sort of "Egyptoid" ode to the triumphant modernity of the 30 glorious growth years following WW2. This ultra-modern new town whose elevations acted as kinetic layers had a considerable influence on his design approach. "The tiling designed by Gio Ponti for the Parco dei Principe hotel in Sorrento was very similar to that to be found in our grandmother's bathrooms" he suddenly remembers. It is also possible to sense the influence of Andréa Branzi and it is no accident that the Archizoom book 'No stop city' lies on his desk. "I am as fascinated by repetitive patterns as I am by the concept of sleep and work units. Drawings become wallpaper. My past takes me back to an industrial era when the world was more governed by engineers than by financiers". So, in turn, he drapes metal grids as if they were layers of lace. Gilded gauze fabrics make reference to the floor finishes for the Budapest stock exchange renovation project (offices, restaurant and shops) and in the Harvey Nichols shop. It is easy to understand the exaltation that he feels in designing these geometric cut-outs, a sort of kaleidoscopic narcosis, a fully controlled psychedelic explosion made possible by the logical confines of computer software. Design becomes interlinked with kinetic interplays through the use of electronic graphism, developed by the all-pervasive advertising influenced by the works in black, white and grey produced by Poptronics graphic designers and the video-clips by Michel Gondry. What might be called pixels of desire.

[1] Dans son livre *Bulle-Sphère 1* (Pauvert. 2002, Livre de Poche 2003), Peter Sloterdijk considère que la révolution copernicienne, en démontrant que la terre tournait sur elle-même autour du soleil et non l'inverse, a plongé l'humanité dans l'angoisse. Autrefois, le continent c'était le ciel (ou les sept ciels de Ptolémée) qui composait comme une enveloppes protectrice. En découvrant que l'espace s'étendait autour de lui à l'infini, l'homme a été mis face au grand vide de l'univers et la terreur de la chute, en lui, s'est redoublée. Dès lors, il n'a eu en tête que de se reconstituer une bulle protectrice, ersatz de ce continent d'autrefois qui enveloppait la terre, devenue elle LE continent.

symbolise-t-il aux yeux des Japonais la quintessence du bon goût français, l'osmose réussie entre un savoir-faire ancré dans un XIXe siècle bon teint et l'esprit mode parisien, la *french touch*. « J'ai fait mes études à une époque où l'on s'obstinait à vouloir intégrer la psychanalyse et la psychologie dans l'architecture. Quand j'ai dessiné le café du Passage de Retz, on l'a jugé idéal pour les psychanalyses de comptoir, tout en jaune citrique. Avec ce projet, je pensais naïvement que j'allais être admis dans la grande famille internationale. Aussi, quand mes clients japonais, enthousiastes m'ont dit pour me faire plaisir « it's so french ! », j'ai été effondré. Aujourd'hui je me raisonne. J'admets que j'utilise souvent le jaune d'œuf, cette couleur provençale plutôt bannie. Ainsi ma collection de carreaux de céramiques de luxe pour Démesure (15) est jaunissime. »

La poupée russe

« Je vois un rapport direct entre la chaise, le pull-over et le papier peint. J'ai le sentiment qu'autour de notre corps se tisse une série d'enveloppes successives qui nous protègent de l'agressivité de l'univers ». De notre peau à la couche d'ozone, tout est épiderme, cela Biecher le martèle. Voilà pourquoi il lie la chaise et l'immeuble, le *design* et l'architecture. Pour lui, le monde est un oignon et l'on ne s'étonnera pas qu'il puisse tirer des larmes au sensible qu'il est. « J'adhère tout à fait à la théorie des bulles de Peter Sloterdijk ; à cette idée que nous recherchons tous un cocon »[1]. D'ailleurs, Biecher accumule les petits projets lovés dans des espaces minuscules : chaînes de *coffee-shops* pour Doutor au Japon, « la Boutique » à Tokyo dans un espace d'1,90m sous plafond au rez-de-chaussée d'une petite maison. Minimalisme des quantités, maximaliste en qualité.

Couleurs

Biecher aime les couleurs. Il en use, il les répand, les projette. « C'est le *design* qui m'a décoincé par rapport à la couleur. L'objet est aisément appropriable ». Le couturier des plis, Issey Miyake (16) lui a dit « vous introduisez le soleil qui brille dans nos bâtiments ». « Par la couleur je réagis au gris de l'architecture. Quand je vivais à Strasbourg, l'art contemporain était inexistant. Ce qui s'en rapprochait le plus c'était encore les

French, really?

His drawings resemble cut-out pieces of paper. Japanese art clearly reveals itself in his works. This influence could well spring from the fact that he has laid out a large number of shops and built housing blocks in Japan (14). For the Sora community centre in Tokyo's suburbs, he combined Seurat's pointillism with his client's enigmatic demands. "He wanted something French but it was completely up to me to understand what was meant by French". His interpretation of the word resulted in an elevation covered with white and yellow ceramic tiling. Seurat, Sora (sun), a cascading approach, a painting within a painting, a passing reference, a touch of eccentricity or, more probably, an expression of the power of speech, with a little Deleuze and just a dash of Lacan. It is clear that for the Japanese, Christian Biecher symbolises the quintessence of elegant French culture, a successful osmosis between a savoir faire deeply tied to the reliable taste of the 19th century and a Parisian lifestyle —in other words, the French touch. "At the time I was studying, it was considered essential that psychoanalysis and psychology be integrated into architecture. When I designed the Passage de Retz café, the lemon-yellow interiors were judged ideal for counter-top psychoanalyses. I rather naively thought that the project would see me admitted into great international family of architects, so when my Japanese clients enthusiastically said that the project was "so French", I was completely dejected. I now take a more reasoned approach. I accept that I often use egg-yellow, a Provencal colour that is generally dismissed. For instance, my collection of luxury ceramic tiles for Démesure (15) makes considerable use of yellow tones.

Russian dolls

"I see a direct relationship between a chair, a pullover and wallpaper. I feel that a series of successive elements are woven around our bodies to protect us from the aggressiveness of the universe". Biecher constantly insists that, from our skin to the ozone layer, everything is epidermis. This is how he can link chair to building and design to architecture. For him, the world is an onion and it is hardly surprising that it is capable of making the most sensitive among us shed tears. "I completely adhere to Peter Sloterdijk's bubble theory, to the

(17)

[1] In his book "Bulle-Sphère 1" (Pauvert. 2002, Livre de Poche 2003), Peter Sloterdijk considers that the Copernican revolution, by revealing that the earth turns on its axis and orbits around the sun rather than the opposite, plunged humanity into a state of anguish. In the past, the continent had been considered as the sky (or the seven skies of Ptolemy) forming a protective envelope. By discovering that space extended to infinity, humanity had to come to terms with the vast emptiness of the universe and this, in turn, led to an ever-greater fear of a plummeting fall. Ever since, mankind has attempted to recreate a protective bubble, an ersatz of the continent that formerly enveloped the earth which has now become THE continent.

voitures dans la rue ! Quand nous pouvions visiter un musée, nous étions soudain projetés vers autre chose. Pour cela, nous devions franchir la frontière, aller à Bâle. Là, les cartes postales des œuvres de Niki de Saint Phalle entraient en résonance avec les carrosseries des Lamborghini et des Ferrari qu'on voyait dans les rues. Nous allions aussi visiter les musées de Stuttgart. J'ai ainsi gardé en mémoire la réalité déformée des toiles de Kandinsky de sa période pré-géométrique. Je me souviens surtout d'une montagne rouge. Je suis aussi poursuivi par les plis de Paul Klee. Toujours Deleuze. Cette profusion de couleurs un peu années soixante, Biecher l'a mise en œuvre dans le petit projet d'Office de tourisme et des congrès de Paris, rue des Pyramides (17). Derrière une façade vitrée décollée et tirée sur le trottoir pour constituer comme une boîte de verre, passé la porte d'entrée hors d'échelle qui reprend, dans une écriture modernisée, stylisée, épurée les portes d'entrée des immeubles de l'avenue de l'Opéra toute proche, franchi encore le bandeau métallique placé à hauteur des anciens entresols, le sol et les plafonds sont identiques. Les plaques de plâtre Knauff à petits trous, son matériau fétiche, dessinent comme une voie lactée, un ciel astral et les à-plats colorés à la Mondrian, bleu, rose, noir, jaune, évoquent le Rubik's cube®. De quoi donner à l'ensemble comme un fumet de BD belge, ligne claire, évocation de la buvette de l'aéroport de Schiphol aux Pays-Bas. Le rouge est encore omniprésent dans le petit salon vidéo qu'il a édifié sur la mezzanine du Pavillon de l'Arsenal à Paris.

Brillance

« J'ai longtemps voulu utiliser l'or sans oser le faire. Pour y retrouver cette brillance du baroque, la lumière et même le flou d'un univers de reflets. Cela correspond mieux à notre monde contemporain où le sens des limites en a pris un sacré coup ».

À la couleur, au papier peint, Biecher surajoute des effets de brillances. Il utilise la laque afin de rendre la matière moins présente. Il démultiplie ainsi les effets, trouble l'atmosphère, déroute la perception. Christian Biecher, le saute frontières, se retrouve encore à la croisée des chemins, hier entre la rigidité « cirianianesque » et les flux de l'influence Tschumi, aujourd'hui saisi entre l'orthogonalité des pliures et leur

idea that we are all looking for a cocoon[1]". Biecher also accumulates small projects contained within tiny spaces, such as a chain of coffee-shops for Doutor in Japan or "la Boutique" in Tokyo set in a space with a 1.90 m floor to ceiling height installed on the ground floor of a small house. Minimalist quantities, maximalist quality.

Colours

Biecher loves colours. He uses them, spreads and projects them. "It was design that gave me the confidence and freedom to use colour. It makes the object easier to appropriate". The great designer of tailored folds, Issey Miyake (16), once said of him: "You introduce the sun that brightly lights our buildings". "My use of colour is a reaction to the grey of architecture. When I lived in Strasbourg, contemporary art did not exist. Looking at the cars in the streets was the closest you could get to modern design! When we were able to visit a museum, we suddenly found ourselves projected into another world. But to get there, we first had to cross a frontier and go to Basle. There, postcards of works by Niki de Saint-Phalle were echoed by the bodywork of the Lamborghinis and Ferraris that we saw in the streets. We also visited museums in Stuttgart. I still remember the deformed reality expressed in the paintings by Kandinsky from his pre-geometric period and, in particular, a red mountain still stands out in my mind's eye. I am also pursued by the folds created by Paul Klee and Deleuze". This somewhat 1960s profusion of colour was used for the small tourism and congress office project on Rue des Pyramides in Paris (17). Lying behind a glazed elevation projecting out from the building towards the pavement to create a sort of glass box, the visitor passes through the large entrance door designed using a modernised, stylised and refined language making reference to the building entrances on the nearby Avenue de l'Opéra, and having passed through the metal strip positioned on the level of the former mezzanines, the floor and the ceilings reveal themselves to be identical. Knauff plasterboard panels incorporating a multitude of small holes —his fetish material— are used to create a Milky Way, an astral sky with Mondrian-like flat blues, pinks, blacks and yellows that evoke an abstract Rubik's Cube. The effect is almost comic strip-like with its lack of shadows, reminiscent

parasitage par les éclats de lumière. Pour capturer l'agitation il la phagocyte dans une raideur assouplie. L'aménagement intérieur du grand magasin de luxe Harvey Nichols de Hong Kong pastiche un dragon. Il est articulé comme un poisson en papier, raide et mouvant. Dans le pli, Biecher glisse toute la sonorité de l'accordéon. Et conséquence, pour Fauchon, Biecher a sauté le pas. Il s'est risqué à titiller une décoration festonnée. Dans la boulangerie, il a ainsi placé des calissons d'or au sol comme au plafond. Avec un certain sens de la provocation, Christian Biecher soutient d'ailleurs que si les magasins Fauchon sont irisés de matériaux à reflets, nimbant les rayons d'une lueur d'or rosé, il les juge « alignés au cordeau comme dans du logement social ». L'étagère est au cordeau mais dorée sur tranche. L'influence du photographe allemand Andreas Gursky se fait sentir, la perte d'échelle est contrôlée. Un simple rayon prend des allures de mur d'escalade. Au sous-sol, Biecher a développé un concept de bar à la japonaise axé sur la dégustation des vins. Comptoir en laque rose, stratifié argent, plafond en bois. Chêne pour la cave, et au rez-de-chaussée, acajou pour les épices, bambou pour le thé. Au premier étage, rideau argenté sur fond de mur rose. Des rideaux encore de soie blanche rendent la lumière diaphane et cadrent des vues magnifiques sur l'église de la Madeleine et les nuages du ciel parisien. Ailleurs, le noir partout en contrepoint du rose. Miroirs à facettes, Fauchon en lettres géantes de néon rose comme à l'Olympia tout proche. L'escalier est rose lui aussi mais la superposition des images reflétées par les miroirs densifie la couleur. Le rose devient violine, grenadine, rouge sang. Les limites de l'espace se perdent. Des sièges produits par Maison Drucker, le fabricant historique des Deux Magots et du Flore ont été dessinés pour l'occasion, en cannage noir et blanc avec assise en cuir noir. Le matériau est du Rilsan®, une résine ancêtre du plastique. Une moquette au motif de raisins, années trente tapisse le sol. Le tout bidouillé bien sûr à l'ordinateur pour extrapoler un détail à la taille XXXL. Quelques tables trouvent place sur une micro-terrasse au mur rose protégé d'un rideau de bambous. L'ensemble est lustré et nacré comme un coquillage ; un rien cocotte pourraient dire ses détracteurs, mais dans un palais où l'on propose à la clientèle des éclairs à la truffe et au chocolat blanc, n'est-ce pas un minimum ?..

of the refreshment stand in Schiphol airport, Netherlands. Red is also particularly present in the small video lounge that he designed for the mezzanine in the Pavillon de l'Arsenal, Paris.

Sheen

"For many years, I have been tempted to use gold — but never dared. I wanted to recall the sheen and light of the Baroque, the blur created by a universe of reflections. This period provides a better interpretation of our contemporary world where the sense of limits has considerably broken down".

Biecher has added the effects of sheen to his use of colour and wallpaper. He uses lacquer to break down the presence of matter. The result is an increased number of effects, a certain strangeness, a new type of perception. Christian Biecher breaks down frontiers and once again finds himself on the intersection between the 'Cirianesque' rigidity of the past and the powerful flows provided by Tschumi, between orthogonality, folds and the influence of shards of light. To capture this confrontation, he absorbs it through a flexible rigidity. The interior layout of the large Harvey Nichols luxury retail store offers a pastiche dragon-like effect. It is articulated like a paper fish, stiff yet undulating. Within the folds, Biecher incorporates all the resonance of an accordion. This design resulted in Biecher making the leap for Fauchon in Paris. He took the risk of titillating a décor that was already highly embellished. He placed gold lozenges on the floor and ceiling in the baker's shop. With a certain sense of provocation, Christian Biecher also maintains that while Fauchon shops are rendered iridescent through their reflective materials that wreathe the displays with a golden pink glow, they are also "laid out using a chalk line in the same way as social housing". But although the shelves are positioned with a chalk line, they also have a gold trim along their edges. The influence of the German photographer Andreas Gursky also makes itself felt through a controlled loss of scale. A simple shelf can take on the appearance of a climbing wall. In the basement, Biecher has developed a Japanese style wine-tasting concept bar with a lacquered pink counter, silver laminates, wooden ceiling and oak finishes in the cellar. On the ground floor, mahogany is used for the spices counter and

Social

De toute manière, ces couleurs, ces éclats, Biecher ne les réserve pas qu'au luxe. On les retrouve encore dans le Centre d'animation de la place des Fêtes à Paris (18). Couleurs flashies pour repérer les niveaux, les fonctions. Des acidulés, des oranges, des citrons, des roses, des groseilles. Les murs non parallèles électrisent les espaces de circulation. Pour l'extérieur, une façade blanche, grise et noire, collée à son contexte urbain. Un pan coupé, un pli de façade dessinent un angle et une placette. Le bâtiment se love en résonance, comme une métonymie de tout ce qui l'enserre. Exercice d'architecture qui est aussi le nec plus ultra d'un graphisme de l'emballage soucieux des moindres détails : des nez de dalle masqués par la paroi de verre, quelques arbres, une invite à pénétrer. À Prague, tout autre chose ; un bâtiment de près de cent mètres de haut constitué de trois tours sculptées qui rappellent les natures mortes de Morandi. Lui cite les céramiques de Pavel Janak, le cubiste tchèque. Un brin précieuses, ses façades à facettes semblent réécrire la colonne antique. Il s'en défend, Il ne s'agit que « d'une tour classique dont la profondeur varie, obtenant ainsi des effets stylistiques et des performances économiques, développées autour de trois typologies d'aménagement différentes ». Ensemble protéiforme encore à l'étude, ces tours viendront épauler un autre édifice de bureaux, de commerces et de halls d'expositions que Christian Biecher a dessiné pour ce même quartier praguois. Un quadrilatère dont chaque face est enfoncée, bousculée. L'ensemble de neuf étages prend l'aspect d'un X épais et déformé qui cacherait en son cœur un jardin de pleine terre. Tout se déforme, se plie, se déplie. Création écologique, l'édifice est surmonté d'ailes triangulaires en porte-à-faux. Ces toitures sont toutes porteuses de capteurs solaires. Toute la façade est habillée d'une modénature de métal et de verre, et l'alternance prismatique des parties blanches et des parties translucides confère à ce mastodonte cinétique, une Vasarely attitude plutôt gonflée. D'ailleurs Christian Biecher lui a donné comme nom code celui de « Starship » (19). Bref une architecture cinq, six, sept étoiles. Il a encore en projet l'édification d'une maison noire dans la baie du Mont-St-Michel. « Le sol sera jaune pour que le soleil éclate à l'intérieur ». Il a construit une magnifique maison à Chamonix, au sommet

ground floor, mahogany is used for the spices counter and bamboo for teas. On the first floor, a silvered curtain is provided with a pink wall backdrop. White silk curtains create a diaphanous lighting effect and frame magnificent views overlooking the Madeleine church and the clouds scudding across the Paris skyline. Everywhere else, black plays its role as a counterpoint to the pink. Facetted mirrors provide a backdrop to the name Fauchon picked out in giant pink neon letters, echoing the elevation of the nearby Olympia concert hall. The staircase is also pink, but the superposition of mirror-reflected images increases the colour density. Pink becomes dark purple, grenadine and blood red. Spatial limits become blurred. The black and white caning patterned chairs made from Rilsan, a resin used before the invention of plastic, with their leather seats were purpose-designed for the occasion and manufactured by Maison Drucker, the legendary supplier for the Deux Magots and Flore bars. A 1930's style grape-patterned carpet stretches out over the floor. The design was digitalised to increase the scale of the grapes to XXXL. A few tables are laid out in a pink wall enclosed micro-terrace protected by a curtain of bamboos. All the finishes have a sleek and pearly gloss. Some might say that it is all a little too much, but in a palace where customers are accustomed to truffle and white chocolate éclairs, would any less be acceptable?

Social

However, Biecher does not just reserve these colours and surprises for luxury projects. They can also be found in the community centre in Place des Fêtes (18), Paris, where flashy acid colours such as orange, lemon, pink and redcurrant are used to indicate the levels and functions. The non-parallel walls generate interesting circulation areas. Outside, a white, grey and black elevation assures that the building smoothly enters its urban context. A hipped gable wall and a fold in the elevation define an angle and a small square. The building curves in on itself, creating a resonance, like a metaphor for all that it encloses. This architectural exercise also represents the state of the art in terms of a packaging graphism that incorporates even the smallest details: slab nosings masked by the glass skin, a few trees, an inviting entry. The project in Prague is completely different: a building reaching up nearly a

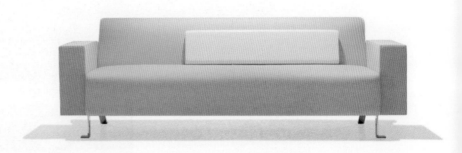

d'un escalier, une plaque translucide de verre rose, distille une lumière à la James Turrell. Il vient de dessiner des meubles pour Armor Lux, des cylindres de tissu et de mousse inspirés des machines à tricoter, comme un clin d'œil à Gaetano Pesce et à la lampe chaussette créée par Bruno Munari pour Danese. Il a travaillé pour Néotu, Lancôme, Baccarat, Bernhardt (20) (premier fabricant de meuble contemporain au États-Unis). Il a bâti une bibliothèque à Carcassonne, une crèche rue de Charenton à Paris, un hôpital dans le Pas-de-Calais. Il a signé plusieurs scénographies d'expositions au musée d'Art moderne de la Ville de Paris : « Marc Chagall, les années russes » en 1995, « Gilbert & George » en 1997, « Félix Gonzales Torres » la même année, « Voilà » en 2000 et « Bertrand Lavier » en 2002. Bref, artisan des motifs en répétitions, capable de résumer trois villes d'une formule : « Barcelone c'est le carré, New York c'est le rectangle, Paris c'est le trapèze », Christian Biecher s'est choisi un logo de papier à lettre et de carte de visite en miroir : une structure en croix mais arrondie, une forme construite et fluide à la fois, un croisement, un carrefour et des courbes. Dans son bureau, un mur bleu glacier, reposant, aérien. Un carré de fenêtre, des nuages et, suspendus, quelques gris-gris chinois.

Du souffle et des esprits.

hundred metres formed from three sculpted towers reminiscent of still lives painted by Morandi. Biecher also cites the ceramics by Pavel Janak, a Czech cubist. Although a little mannered, the facetted elevations seem to reinterpret the ancient concept of the column. Biecher justifies his project by explaining that it is simply "a classical tower block with varying depths that provides stylistic effects alongside energy savings, all developed around three different layout typologies". A multiform complex still being studied, these towers will complete another building containing offices, shops and exhibition spaces that Christian Biecher has designed for this same district in Prague. A quadrilateral form with sunken, 'jostled' faces whose nine storeys resemble a thick and twisted X that hides away a garden in its centre on ground floor level. Everything is distorted, folded and unfolded. This ecological building has cantilevered triangular wings on its roof providing a surface for a large number of solar cells. The entire elevation is clad with metal and glass modenatures and the prismatic alternation of the white and translucent areas provides this kinetic colossus with an adventurous Vasarely-type effect. It is hardly surprising that Christian Biecher chose the name 'Starship' (19) for this five, six, seven star architecture. He has also designed a black house in the Mont-St-Michel bay where "the floor will be yellow to reflect sunlight throughout the house", as well as a magnificent house in Chamonix in which, at the top of a staircase, a translucent panel of pink glass provides a light reminiscent of that to be seen in works by James Turrell. He recently designed furniture units for Armor Lux in the form of fabric and foam cylinders inspired by knitting machines, offering an amused reference to Gaetano Pesce and the sock lamp created by Bruno Munari for Danese. He has worked for Néotu, Lancôme, Baccarat and Bernhardt (20) (largest contemporary furniture manufacturer in the United States). He has also designed a library in Carcassonne, a kindergarten on Rue de Charenton in Paris and a hospital in the Pas-de-Calais region, as well as the scenographies for exhibitions at the Paris Museum of Modern Art: 'Marc Chagall, les années russes' in 1995, 'Gilbert & George' in 1997, 'Félix Gonzales Torres' the same year, 'Voilà' in 2000 and 'Bertrand Lavier' in 2002. In short, Biecher is a craftsman of repetitive designs,

able to summarise three cities in a single formula: "Barcelona is a square, New York a rectangle and Paris a trapezium". Christian Biecher has chosen a mirrored letterhead and business card: a rounded cross structure, a form that is both constructed and fluid, creating an intersection, a crossroads as well as curves. His office offers a relaxing, floating glacier-blue wall, a square window, clouds and, hanging from the ceiling, a few Chinese talismans.

A cool setting imbued with the presence of spirits.

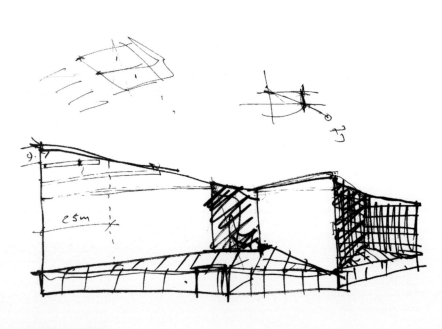

■ Immeuble Starship

Prague, République tchèque

Le Starship est un immeuble à usage de bureaux et commerces, qui s'étend sur la totalité d'un îlot de 90 x 190 m, situé le long de l'avenue Argentinska, sur une partie de terrains de l'ancienne zone ferroviaire de Bubny, dans le quartier de Holesovice à Prague. Bubny fait l'objet d'un aménagement urbain de 27 ha, et l'îlot S se situe en sa périphérie, jouant un rôle de charnière entre les quartiers préexistants où les immeubles atteignent cinq niveaux, et le centre du futur quartier qui accueillera des tours d'habitation autour d'un parc.

Le projet se présente comme un bloc dont le centre a été évidé afin de créer un jardin en pleine terre, et la périphérie modelée selon en ensemble de plis afin de réduire les nuisances sonores dues au trafic intense sur l'avenue Argentinska, et donner aux façades pouvant atteindre 190 m de longueur une forte dynamique plastique. Les hauteurs varient entre 8 et 10 niveaux, alors que l'acrotère reprend en élévation les plis de la façade de manière à conférer à l'immeuble un couronnement en forme d'étoile. L'enveloppe est constituée d'une façade en double peau composée pour moitié de rectangles opaques (blancs ou verts Post-it) et pour autre moitié de panneaux vitrés. La toiture terrasse végétalisée se glisse sous deux gigantesques triangles recouverts de cellules photovoltaïques qui sont orientés vers le ciel, de manière à capter de façon optimale les rayons du soleil, en fonction de sa course et de la présence des immeubles voisins. Cet ensemble dessine une belle toiture, offerte à la vue des habitants des tours situées à proximité.

Starship building

Prague, Czech Republic

The Starship is a building containing offices and shops covering the entire area of a 90 x 190 m plot along Avenue Argentinska on part of the old Bubny railway yards in Prague's Holesovice district.

Bubny is undergoing a 27 hectare urban redevelopment and plot S is located along its edge, acting as a lynchpin between the existing districts with their five storey buildings and the centre of the new district which will be home to a series of housing blocks built around a central park.

The project takes the form of a block whose centre has been voided to create a planted garden. The outer elevations are pleated to reduce the noise nuisance caused by the heavy traffic on Avenue Argentinska and provide a strong plastic dynamic to the elevations which can be up to 190 m long. The blocks range between eight and ten storeys and the parapet picks up the elevation pleats, providing the building with a star-shaped coping. The envelope is formed from a double skin elevation, half of which covered by opaque rectangles (white or bright green) and the other half

by glazed panels. The plant-covered roof slides below two large triangles covered by upward facing solar cells positioned to take full advantage of the sunlight, its movements throughout the day and the presence of the neighbouring buildings. The result provides those living in the nearby high rise blocks with a highly attractive roofscape.

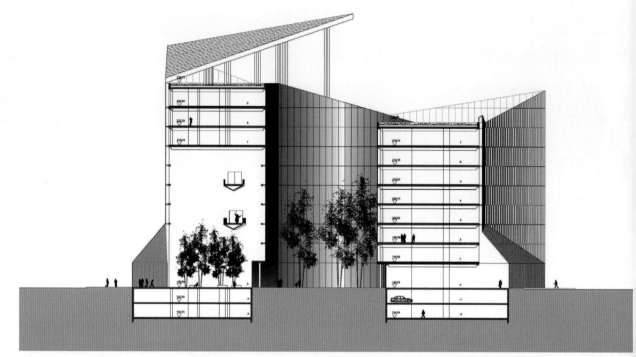

La coupe principale　　　　The front section

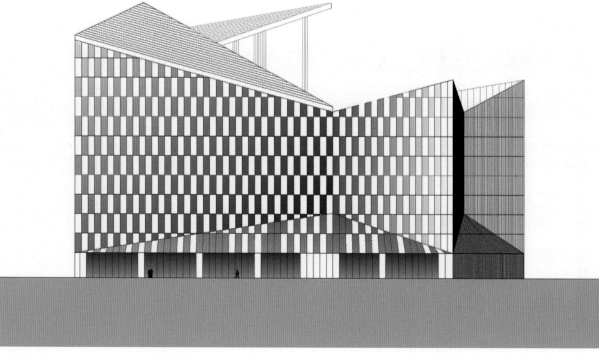

La facade principale　　　　**The front entrance**

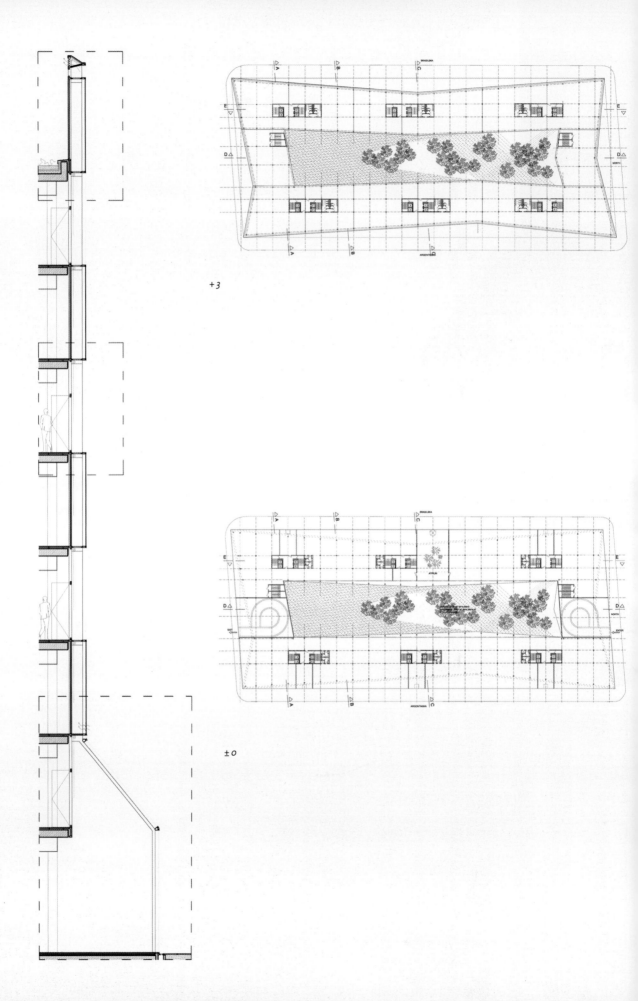

+3

±0

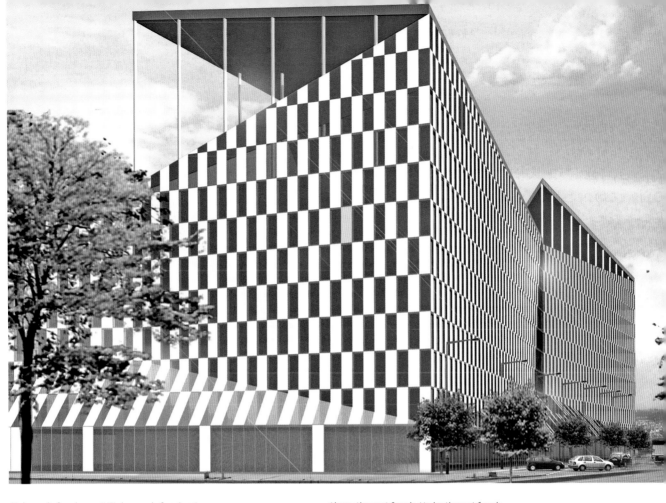

Ci-dessus, la façade ouest. Ci-dessous, la façade est. _Above; the west facade. Under, the east facade_

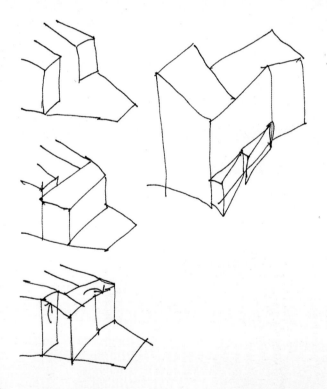

■ Centre d'animation place des Fêtes
Paris, 19e

Le centre d'animation place des Fêtes est un bâtiment neuf destiné à accueillir des activités culturelles, sportives et sociales. Il est situé à la charnière de deux tissus urbains très différents : le tissu typique des immeubles d'habitation du XIXe siècle, et l'urbanisme de tours et barres des années soixante-dix.

Le projet prévoit d'empiler les espaces dans un projet très compact afin de libérer un jardin de ville de bonne taille. Il s'enveloppe dans une peau constituée de rectangles noirs, blancs et argent. Cette peau se replie

sur le toit afin d'offrir aux habitants des tours qui surplombent le bâtiment, la vue sur une « cinquième » façade. Le sous-sol accueille une salle de spectacle de 150 places, le rez-de-chaussée, un hall d'exposition, des salles polyvalentes et une cuisine, le premier étage des studios pour la danse et les activités sportives et le deuxième niveau des ateliers pour les arts plastiques.

Le motif géométrique de la façade entre en résonance avec le vocabulaire des tours de la place, tout en définissant, de par son

pliage, un volume qui répond à l'échelle des petits immeubles de logement du 19e.

■ Place des Fêtes Activities Center

Paris, 19th

The activities centre on Place des Fêtes is a new building providing cultural, sporting and social activities. It is located on the intersection of two very different types of urban fabric: the typical fabric of 19th century housing buildings and the urbanism of the tower blocks and strips built in the 1970s. By stacking spaces within a very compact area, the project is able to provide a generously sized urban garden. The building is enclosed within a skin formed from black, white and silver coloured rectangles. This skin folds back on roof level to provide those living in the tower blocks overlooking the building with a view over a "fifth" façade. The basement contains a 150 seat theatre, the ground floor incorporates an exhibition hall, multi-purpose rooms and a kitchen, while the first floor provides studios for dance and sporting activities and the second floor has studios for the plastic arts. The geometrical pattern of the elevation creates a resonance with the tower blocks located on the Place while its folds define a volume that echoes the scale of the surrounding small 19th century housing blocks.

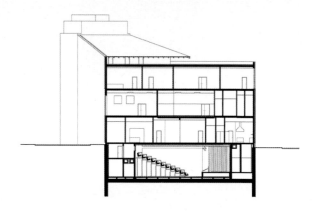

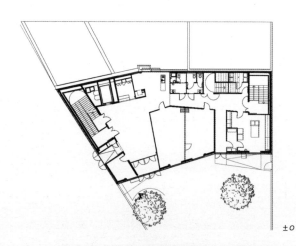

±0

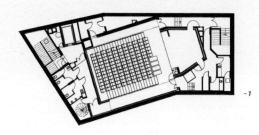

-1

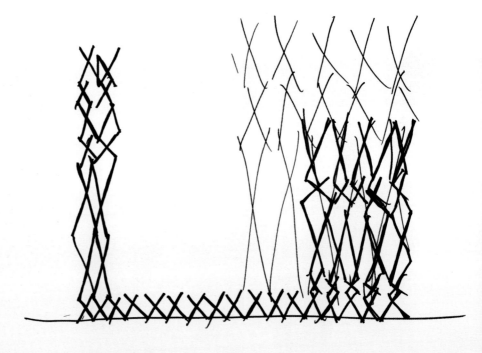

■ Ilôt C7-1

Prague, République tchèque

Le projet est un immeuble à usage de bureaux et commerces, qui s'étend sur un îlot de 90 x 135 m, situé le long de l'avenue à l'extrémité nord des terrains de l'ancienne zone ferroviaire de Bubny, dans le quartier de Holesovice à Prague.

Bubny fait l'objet d'un aménagement urbain de 27 ha, et l'îlot C7-1 en constitue le signal nord, situé à côté d'un important croisement de voies à grande circulation. Constitué d'un socle surmonté de trois petites tours de 24 à 28 niveaux, l'immeuble est habillé d'une peau en plaques de verre de format répétitif, munies de stores intérieurs. La structure de chacune des tours est constituée d'un noyau central qui accueille les circulations et les services, et d'une résille de poteaux inclinés en périphérie formant résille.

L'ensemble, dont les façades continues sont inclinées selon des zigzags aux rythmes différents, permet de créer des plateaux qui, selon leur taille, offrent trois typologies d'usage différentes.

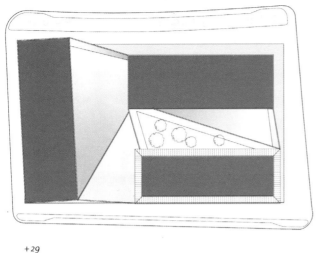

+29

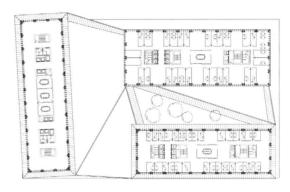

+18

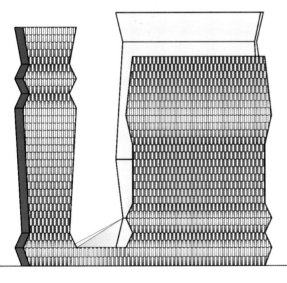

Block C7-1

Prague, Czech Republic

The project is a building containing offices and shops on a 90 x 135 m plot along the avenue at the northern end of the old Bubny railway yards in Prague's Holesovice district.

Bubny is undergoing a 27 hectare urban redevelopment and plot C7-1, located on a large intersection of busy streets, represents its northern beacon. Formed from a base providing a platform for three small 24 to 28 level tower blocks, the buildings are clad in repetitively shaped glass panels equipped with interior blinds.

Each tower block has a central core providing vertical circulation zones and services, and a series of angled columns around the outside forming a grid. This set of buildings, whose continuous elevations are angled according to different zigzagging rhythms, permits the creation of floor areas that, depending on their size, can provide one of three different use typologies.

41

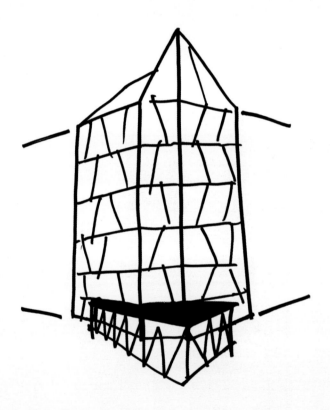

■ La Maison de l'Alsace

Paris, 8ᵉ

La Maison de l'Alsace occupe un immeuble de sept niveaux à l'angle de la rue Marbeuf et de l'avenue des Champs-Élysées. Elle accueille des bureaux, salles de réunions et une brasserie. Le programme de rénovation ajoute un hall d'exposition et une salle de réception panoramique à installer en toiture. Le projet prévoit, dans des contraintes spatiales très tendues, de conserver la structure de l'immeuble mais de remplacer planchers et façades. La nouvelle enveloppe, constituée de panneaux de Corian® et de baies vitrées, s'inscrit dans l'idée de la façade parisienne verticale, tout en faisant écho aux motifs des structures bois des maisons alsaciennes. À l'intérieur, un hall accessible depuis les Champs-Élysées présente l'Alsace dans ses facettes les plus modernes ; il commande une brasserie et un restaurant gastronomique. Deux ascenseurs le relient aux espaces de réception du dernier étage. Au milieu, cinq niveaux de bureaux reçoivent les sièges sociaux d'entreprises.

■ Maison de l'Alsace

Paris, 8th

The Maison de l'Alsace occupies a seven
storey building on the corner of Rue
Marbeuf and Avenue des Champs-Élysées
in Paris. It contains offices, meeting rooms
and a tavern. The renovation programme
adds an exhibition hall and a panoramic
rooftop function room.

Working within very tight spatial constraints,
the project retains the building's structure
but replaces the floor slabs and elevations.
The new envelope formed from Corian®
panels and glazed openings blends in with
the surrounding Parisian

elevations while also making reference
to the patterned timber structures
of Alsatian houses.

Inside, a hall giving onto the Champs-
Élysées presents the most modern aspects
of Alsatian life alongside a tavern and
a gourmet restaurant. Two lifts connect
the hall to the reception areas on the upper
floor. The five levels between these two
spaces are occupied by company headquarters.

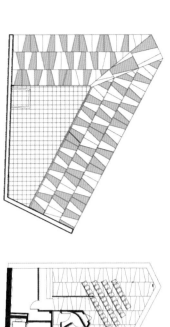

+8

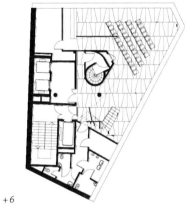

+6

+1

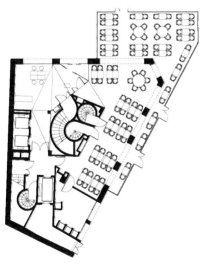

±0

■ Groupe scolaire La Plaine
Paris, 20ᵉ

Le groupe scolaire La Plaine accueille deux écoles primaires, une école maternelle, et un restaurant scolaire.

Situé en extrémité d'îlot, bordé par trois voies, le bâtiment de trois niveaux de hauteur s'inscrit dans la prolongation d'une école parisienne typique des écoles du début du siècle en pierre meulière. L'extension, haute de trois niveaux, doit dialoguer avec des immeubles de logements d'une vingtaine d'étages. Le projet est constitué d'une enveloppe rouge, qui rappelle la brique des écoles

Jules-Ferry, mais composé de plaques de ciment de forme triangulaire et plus ou moins usées, évoquant les pigments de la peau et des caillebotis. De larges pans de façade et de toiture, de forme triangulaire également, font écho aux pentes des toitures de l'ancienne école et relient parties anciennes et nouvelles. La toiture terrasse est recouverte de plantes grasses et des panneaux de cellules photovoltaïques ; l'une d'elles sur toiture en caillebotis (côté rue de la Plaine) dissimule les installations de ventilations à la vue des immeubles alentours.

Au sol, préau couvert, jeux d'enfants et jardin potager en pleine terre assoient le bâtiment dans la société des enfants.

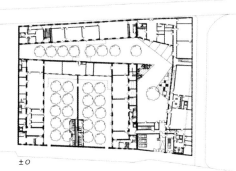

±0

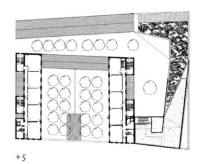

+5

■ La Plaine School Complex

Paris, 20th

La Plaine school complex includes two primary schools, a kindergarten and a school canteen.

Located at the end of the plot and surrounded by three roads, the three level building extends a traditional and typical turn of the century gritstone-built Parisian school. The three level extension is designed to dialogue with the nearby twenty storey housing blocks.

The project takes the form of a red envelope reminiscent of the brick finishes used for Jules-Ferry schools but formed from triangular shaped, more or less worn cement panels that evoke skin pigments and gratings. Large elevation and roof faces, also triangular in shape, echo the roof slopes of the old school and link the new and existing constructions. The roof terrace is covered by succulent plants and solar panels. On one of the roofs (on the Rue de la Plaine side), the panels hide the ventilation installations from view, ensuring that they cannot be seen from the surrounding buildings.

On ground level, a covered school yard, play areas and vegetable garden incorporate the building into the children's lives.

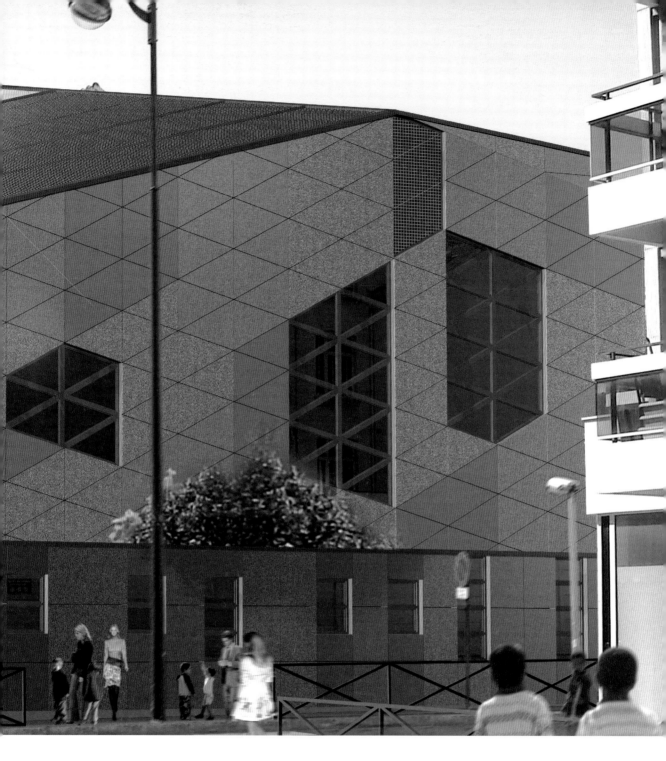

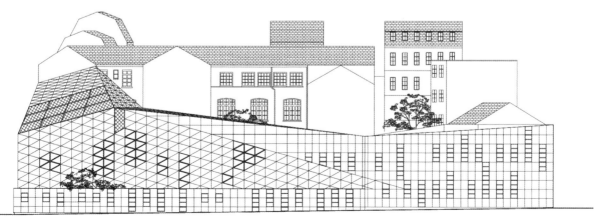

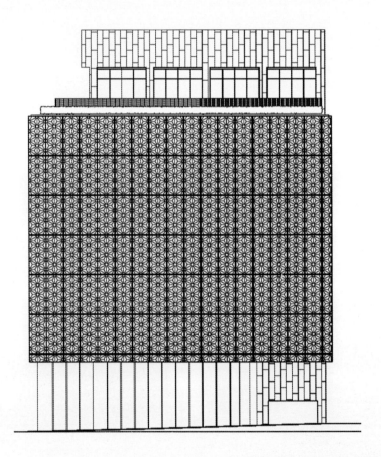

■ Immeuble Nissen

Kyoto, Japon

Nissen est une société de vente par correspondance principalement concentrée sur les produits textiles, mais également, les bijoux, le mobilier et les services aux consommateurs comme l'assurance ou le crédit. Alors que les principaux locaux de la société sont installés en périphérie de Kyoto, Nissen a décidé d'installer son quartier général au centre de Kyoto, sur un des deux principaux axes de la ville, le boulevard Shijo.

L'immeuble accueille les locaux de la présidence du groupe, ainsi que quelques services représentatifs. Il occupe la totalité d'une parcelle d'angle ainsi que la hauteur maximale autorisée par la réglementation (neuf étages). La façade vitrée sur deux côtés de l'immeuble donnant sur l'espace public est protégée par des panneaux d'aluminium découpé laqué blanc, reprenant un motif traditionnel de kimono, premier métier historique de la société Nissen. Le rez-de-chaussée est largement vitré sur un hall servant également d'espace d'exposition. Le dernier étage, formant *penthouse*, est légèrement en retrait.

Il est habillé de pierre agrafée grise, tout comme les deux façades donnant sur les jardins mitoyens.

■ Nissen building

Kyoto, Japan

Nissen is a mail order company that mainly sells textile products but has also diversified to include jewellery, furniture and consumer services such as insurance and loans. While the company's main premises are located in the suburbs of Kyoto, Nissen decided to position its general headquarters in the heart of Kyoto on Boulevard Shijo, one of the two main roads running through the city. The building is used by the chairman and the board as well as a number of representative services. Occupying an entire corner plot, it is as tall as allowed by regulations (nine storeys). The glazed elevations on two sides of the building giving onto the public space are protected by white lacquered aluminium panels with cut-outs echoing a traditional kimono pattern, historically the company's first area of commercial interest. The largely glazed ground floor contains a hall as well as an exhibition space. The upper penthouse floor is slightly stepped back from the rest of the building. Like the two elevations giving onto the adjoining gardens, it is clad in grey clamped stonework.

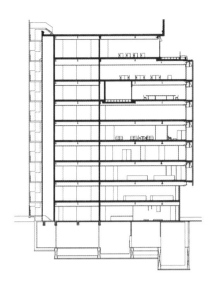

+8

+4

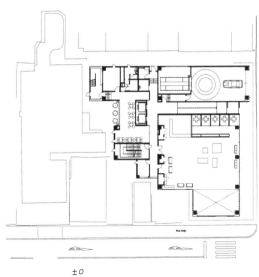

±0

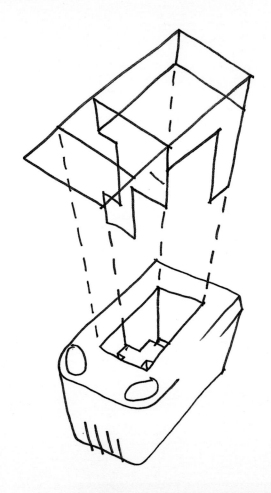

Vaci 1

Budapest, Hongrie

Le projet Vaci 1, du nom de son adresse, est la transformation de l'ancienne bourse de Budapest, originellement siège de la First National Bank of Pest, construite en 1902 au début de la célèbre rue Vaci, en centre de commerces, bureaux et restaurants. Le bâtiment, dont on garde intacte l'épaisseur le long de la limite parcellaire, est évidé en son centre pour permettre la création d'espaces destinés à recevoir le public et faciliter les circulations. Les nouveaux espaces creusés dans l'existant sont habillés de panneaux d'aluminium découpés au jet d'eau, selon un motif d'éclat de lumière dorée, définissant un grand hall au niveau de la rue, et un atrium au niveau du premier étage. Les panneaux se replient à l'horizontale, au-dessus de la toiture, abritant les terrasses des restaurants où l'on bénéficie d'une vue extraordinaire sur la ville. L'atrium est couronné par un volume vitré construit en surélévation du bâtiment. Le sous-sol et le rez-de-chaussée abritent de vastes locaux à usage de commerce ; l'entresol accueille des bureaux, les quatre étages supérieurs des magasins desservis par des coursives, et le cinquième niveau des restaurants.

Le bâtiment existant est restauré en préservant les matériaux et décorations d'origine. Les transformations sont traitées en noir (ardoise et grès cérame) et or (panneaux d'aluminium découpé, ponctués par des panneaux laqués en couleur).

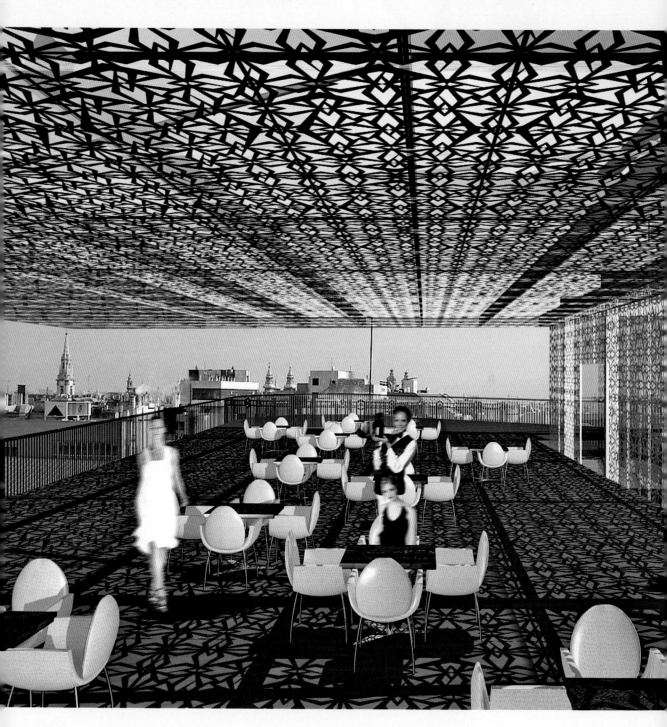

■ **Vaci 1**

Budapest, Hungary

The Vaci 1 project, bearing the same name as its address, entails the transformation of the former Budapest stock exchange building at the top of the famous Vaci street — originally the headquarters of the First National Bank of Pest built in 1902 — into a centre comprising shops, offices and restaurants. The building's depth along the site boundary has been voided, permitting the creation of spaces able to receive the public while also simplifying circulation movements. The new areas hollowed out from the existing structure are clad in aluminium panels with cut-out patterns created using a high water pressure spray. The result provides a golden light defining a large hall on street level and an atrium on first floor level. The panels fold back horizontally above the roof to shelter the restaurant terraces which provide an extraordinary view over the city. The atrium is crowned by a glazed volume rising up from the roof of the building.

The basement and ground floor areas incorporate large retail premises while the mezzanine is used for offices. The four upper floors contain shops reached along walkways and the upper floor provides restaurant facilities.

The existing building has been restored while retaining all the original materials and features. The architectural transformations are handled in black (slate and ceramic) and gold (cut out aluminium panels occasionally interspaced with coloured lacquered panels).

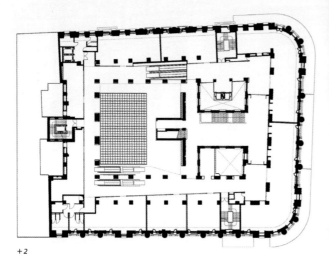

+2

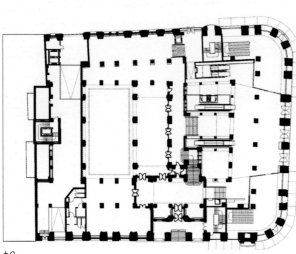

±0

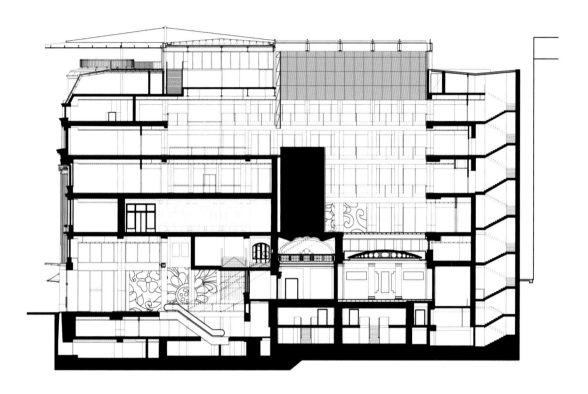

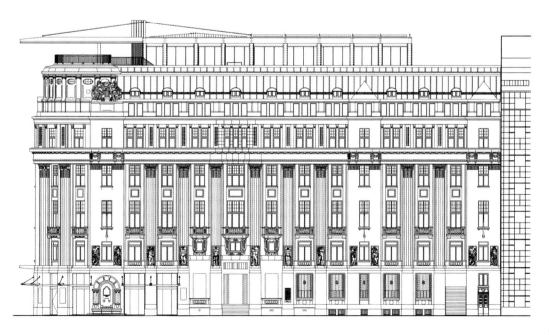

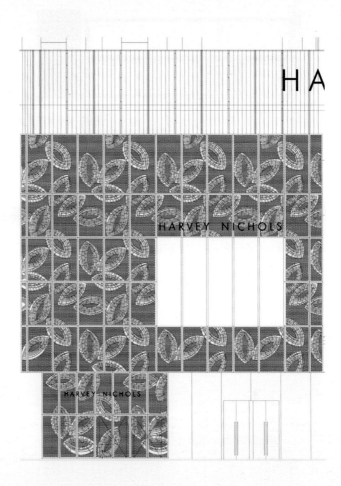

■ Harvey Nichols

Hong Kong, Chine

Le grand magasin Harvey Nichols occupe cinq niveaux d'un immeuble rénové pour l'occasion. À l'avant, une nouvelle façade a été redessinée sur Queen's Road ; à l'arrière, les cinq niveaux sont accessibles par les coursives de la galerie marchande The Landmark.

La façade est constituée de panneaux de verre clair ou laiteux ; le bloc au-dessus de l'entrée est habillé de plaques d'aluminium découpées au jet d'eau, selon un motif de dentelle anglaise du XIXe siècle, contemporaine de la fondation de la marque. Sa taille ramène l'immeuble à l'échelle des piétons ; une grande fenêtre permet l'installation de décors sophistiqués qui présentent les produits. Les espaces intérieurs sont aménagés selon un principe de boîtes enveloppées de panneaux sérigraphiés de motifs qui évoquent l'Angleterre tels que les chevaux, les fleurs ou les oiseaux. Au dernier étage se niche un restaurant gastronomique, dans un espace où sol et plafond sont traités de manière identique, selon la géométrie plissée d'un dragon de papier souligné de raies de lumière électronique.

■ Harvey Nichols

Hong Kong, China

The large Harvey Nichols retail store occupies five levels of a specifically renovated building. A new elevation giving onto Queen's Road has been created while, to the rear, the five levels are reached along the walkways serving the Landmark shopping mall.

The elevation is made up from clear and opaque white glass panels while the block above the entrance is clad in aluminium panels cut out using a high pressure water jet and patterned using a 19th century English lacework design created at the time that Harvey Nichols was founded. Its size is adapted to the scale of the pedestrians entering the store and a large showcase permits the installation of sophisticated decors presenting the products. The interior spaces are laid out as boxes constructed from screen printed panels whose horse, bird and flower designs evoke an English way of life. The upper floor contains a gourmet restaurant located in a space where the floor and ceiling are handled identically using the folded geometry of a paper dragon whose outlines are underlined by electronic rays of light.

■ **Fauchon**

Pékin, Chine

Le projet Fauchon est un travail d'identité architecturale pour la célèbre marque d'épicerie fine, élaboré sur différents sites comme Tokyo, Pékin, Casablanca et Paris. Les activités de la marque s'expriment dans trois types d'espaces que sont les magasins, les boulangeries et les restaurants.

Les magasins sont conçus selon un principe de damier noir/blanc/gris, présent au sol et au plafond, interrompu par des éléments surfaces de bambou, de chêne ou d'acajou (évoquant les thés, les vins ou encore les épices). Les espaces destinés à la boulangerie

(et au café) sont revêtus de panneaux dorés (stratifié au mur et au plafond, mosaïque de verre au sol), en écho à l'or du pain et de la viennoiserie. Enfin les restaurants déclinent toutes sortes de matériaux argentés. Véritables écrins de lumière et de reflets, ils rejouent les codes traditionnels des restaurants français (chaises de terrasses, miroirs de brasseries, banquettes de cafés...). L'ensemble est traité au moyen d'un grand nombre de matériaux argentés (stratifié, tissu, peinture, miroirs).

Les trois types d'espaces sont reliés par

des cages d'escalier habillées de plaques de verre rose (transparent ou miroir).

■ Fauchon

Beijing, China

The Fauchon project aims to provide this well-known gourmet food shop chain with a specific architectural identity that can be used for a wide range of sites that include cities such as Tokyo, Beijing, Casablanca and Paris. The brand name's activities are expressed through three types of spaces: shops, bakeries and restaurants. The shops are designed using a blackwhite/grey checkerboard principle present on the floors and ceilings, interrupted by bamboo, oak and mahogany surface elements (evocative of teas, wines and spices). The bakery (and café) spaces are clad in gilded panels (laminated on walls and ceilings, with a glass mosaic floor finish) to echo the golden colour of the bread and pastries. The restaurants make use of a wide range of silvered materials. Sources of light and reflection, they bring to mind the traditional codes of French restaurants (terrace chairs, brasserie mirrors, café benches, etc.). The spaces are clad in a wide range of silvered materials (laminates, fabrics, paint and mirrors). The three types of spaces are linked by stairwells clad in pink glass panels (transparent or mirrored).

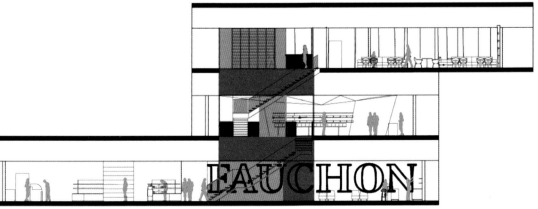

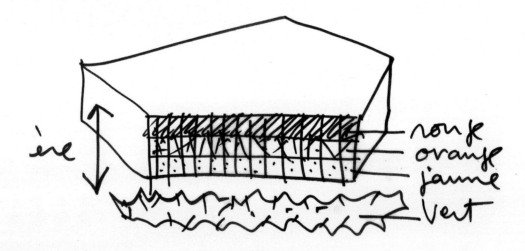

■ Crèche collective

Paris, 12ᵉ

Située au centre d'un ensemble de
logements de la rue de Charenton, la crèche
occupe un petit bâtiment en béton des
années soixante que le programme prévoit
d'agrandir ; elle accueille au sous-sol
des locaux techniques, au rez-de-chaussée
et au premier étage des salles de jeux
et de sommeil pour les petits enfants
(3 et 4 ans), au deuxième étage des salles
pour les grands (5 ans).
Le site, très marqué par des immeubles
d'allure austère, se distingue par son
abondante végétation. Aussi, un jeu de

strates chromatiques (rouge/orange/jaune)
reprend la décomposition du prisme
lumineux qui précède le vert et définit
la façade principale, constituée d'une grille
polychrome en métal perforé. Le reste du
bâtiment est revêtu d'un enduit plastique
vert pâle.
À l'intérieur, les percements, portes, baies
vitrées sont de format identique, jouant
des échelles et des hauteurs propres
aux enfants. L'ensemble est traité en noir,
blanc et couleurs primaires, de manière à
exagérer l'articulation naturelle des espaces.

■ Nursery

Paris, 12nd

Located in the centre of a housing complex on Rue de Charenton in Paris, the nursery is contained in a small 1960s building programmed for expansion. The plantrooms are located in the basement, the ground floor and 1st floor contain play and sleeping areas for small infants (3 to 4 years old) and the 2nd floor is used by the elder children (5 years old).

The site is marked by the particularly austere nature of the surrounding buildings, but also stands out for the large number of trees and plants it contains. This led to a chromatic stratification (red/orange/yellow) using the prismatic colours preceding green to define the main elevation which takes the form of a polychromatic perforated metal grid. The rest of the building is clad in a pale green plasticized render.

Inside, all the doors and glazed openings are of identical size, with their scales and heights adapted to use by children.

The spaces are handled in black, white and primary colours to exaggerate their natural articulation.

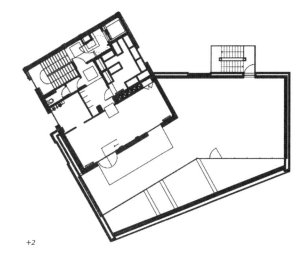

+2

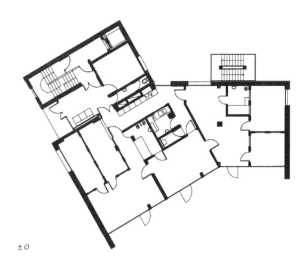

±0

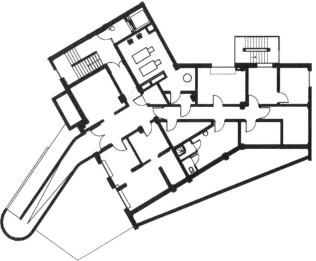

-1

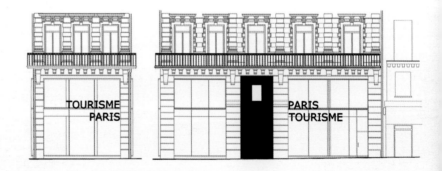

■ Office du tourisme de Paris

Paris, 8ᵉ

Situé au rez-de-chaussée et à l'entresol d'un immeuble typique de l'avenue de l'Opéra, l'espace d'accueil principal de l'Office du tourisme et des congrès de Paris (OTCP) se compose d'un comptoir d'information, un espace d'attente, et une zone de libre-service. Ses façades en verre et Inox® sont conçues comme des boîtes qui sortent des grandes baies découpées sur deux niveaux. La porte d'entrée est pensée comme une version abstraite des grandes portes bleues de l'avenue de l'Opéra, avec doubles vantaux et fenêtre à l'entresol.

L'aménagement intérieur est conçu comme un kaléidoscope de couleurs primaires, montrant Paris sous des facettes plus modernes que ses traditionnels poncifs. Pouvant accueillir plusieurs milliers de visiteurs par jour, le lieu exige des finitions simples et robustes. Tous les éléments verticaux sont blancs, opaques (mobilier) ou rétroéclairés (parois). Le sol en résine et le plafond en plâtre sont découpés selon des formes trapézoïdales identiques, comme un écho à la forme du parcellaire parisien, ramené à l'échelle des visiteurs.

■ Paris Tourist Office

Paris, 8th

Located on the ground floor and mezzanine level of a typical Avenue de l'Opéra building, the main Office du Tourisme et des Congrès de Paris (OTCP) reception space includes an information desk, waiting area and self-service zone. Its glass and Inox® elevations are designed as boxes that emerge from large openings cut out from the two levels. The main entrance door is designed as an abstract version of the large blue doors typically found on Avenue de l'Opéra and provided with two opening leaves and a window on mezzanine level.

The interior layout is developed as a kaleidoscope of primary colours that reveal all the most modern facets of Paris alongside its more traditional stereotypes. Able to receive several thousand visitors a day, the space required simple and sturdy finishes. All vertical elements are white, opaque (furniture) or backlit (walls). The resin floors and plaster ceilings are laid out as identical trapezoid shapes, echoing the Parisian plot layout and adapting it to the scale of the visitors.

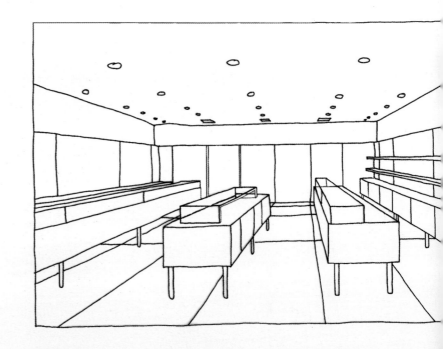

■ **Pierre Hermé**

Paris, 15ᵉ

Pierre Hermé aime à dire que le sucre, c'est ce qui nous ramène à l'enfance. Aussi, le point de départ du projet fut ce mélange de couleurs de Lego® dans une boîte blanche. Sol et murs sont habillés de dalles de résine blanche ; le plafond est recouvert d'autocollants reprenant les initiales PH. Au centre, les meubles rouge, orange, rose et bleu ciel se décollent du sol grâce aux halos de lumière et aux pieds en Inox® qui conduisent également l'air froid. Le même principe de boîtes colorées a été appliqué au dessin de l'emballage de produits. Les boîtes blanches ont un bandeau de couleur propre à chaque taille. Elles sont fermées par un autocollant qui reprend le motif du plafond puis disposées dans un sac dont les perforations laissent deviner le jeu des couleurs.

■ Pierre Hermé

Paris, 15th

Pierre Hermé likes to say that sugar takes us back to our childhood and it was this saying that led the project's point of departure to be this mixture of Lego® colours contained within a white box.

The floor and walls are finished with white resin panels and the ceiling covered with adhesive stickers picking out the initials PH. In the centre of the area, red, orange, pink and sky blue units seem to float above the floor thanks to their halos of light and the Inox® legs which also provide the cold air supply.

The same coloured box principle was also applied to the design of the product packaging. Each product size is identified by a specific coloured strip running around a white box. The boxes are closed using a self-adhesive sticker picking up the ceiling initials and then placed in a bag whose perforated finish reveals the colours lying within.

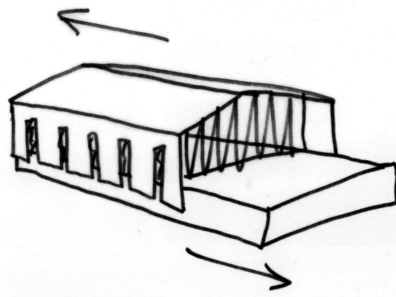

■ Maison R

Gard, France

La maison R est implantée dans une vallée des Cévennes, à deux cents mètres d'une rivière. Elle s'adosse à la montagne dont elle reprend la forme pointue. Conçue selon une contrainte financière forte (1 000 euros/m², équipements compris), elle emprunte sa forme et ses principes constructifs aux bâtiments agricoles. L'enveloppe est constituée de plaques ondulées en ciment, laquées en rouge, qui dissimulent un isolant très épais. Elle est soutenue par une charpente métallique, posée sur une dalle de béton de forme rectangulaire (12 x 24 m).

Les façades, devant se protéger d'un fort ensoleillement, sont percées tous les trois mètres d'une fenêtre verticale étroite. La façade nord-est, largement vitrée, s'ouvre sur une terrasse.

L'intérieur est articulé par des cloisons et des plafonds en plaques de plâtre qui permettent une localisation des différentes pièces selon les qualités de lumière souhaitées.

■ R house

Gard, France

The R house is located in a valley in the Cévennes region, just 200 metres from a river. It backs onto the mountain and echoes its pointed form. Designed within a tight budget (1 000 euros/m², including fixtures and finishes), it owes its shape and construction principles to agricultural buildings. The envelope is formed from red lacquered corrugated cement panels over a very thick insulating material. The building is supported by a steel framework positioned over a rectangular concrete slab (12 x 24 m). The elevations had to be protected from the considerable sunlight and this led to them being pierced every three metres by a narrow vertical window. The largely glazed north-east elevation gives onto a terrace.

The interior is organised by plasterboard partitions and ceilings that allowed the various rooms to be laid out according to the various required light qualities.

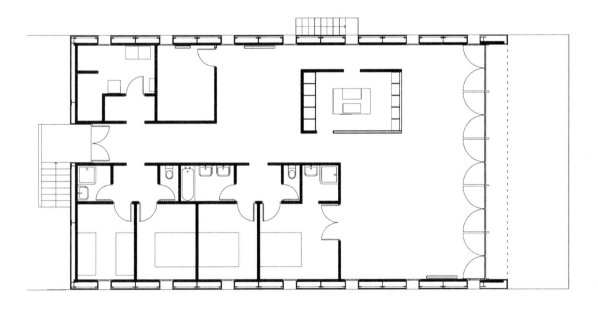

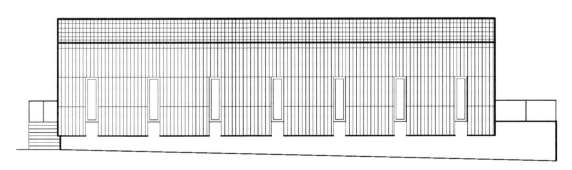

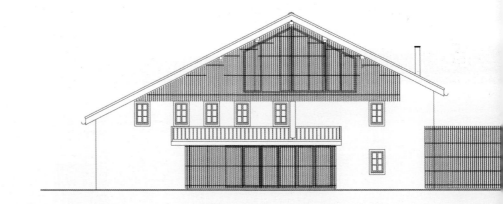

■ Maison S

Haute-Savoie, France

La maison S est une ferme de la vallée
de Chamonix reconvertie en maison
d'habitation. La construction originelle,
constituée d'un beau volume unitaire qui
accueillait les animaux au rez-de-chaussée,
les habitants à l'étage et le fourrage
au grenier, avait été dégradée à plusieurs
reprises pour finir en colonie de vacances
sous la forme d'une sorte de chalet
avec balcons et grandes baies vitrées.
Le premier travail a été de rétablir
les proportions originelles du bâtiment ;
de déposer les balcons et les avancées

de toiture et de ramener les nombreuses
ouvertures à la répétition d'un seul modèle
de fenêtre.
Ensuite, le bâtiment a été évidé afin
d'organiser les circulations selon une
articulation de pleins et de vides délimités
par de grandes plaques de verre coloré
(rouge, orange, rose, bleu) que l'on retrouve
dans toute la maison.
Le rez-de-chaussée accueille les espaces
communs à la vie familiale et la réception,
le premier étage, les chambres des enfants
ainsi que la salle TV située en balcon sur

le salon. Le deuxième étage est réservé
aux parents (chambre, bureau, salle d'eau
et sauna). Cet étage installé dans l'ancien
attique dissimule de grandes parois vitrées
derrière des panneaux à claire-voie pivotants.

▪ S house

Haute-Savoie, France

The S house is a farm in the Chamonix valley converted into a house. The initial construction formed an attractive single volume with animals on the ground floor, inhabitants on the 1st floor and fodder stored in the loft space. Successive works on the building saw its gradual deterioration and it finally became a holiday camp, taking the form of a sort of chalet with balconies and large windows.

The first task was to reveal the building's initial proportions, remove the balconies and roof overhangs and replace the various different sized openings by a single repetitive window model.

The building was then voided to permit the organisation of circulation movements. This took the form of articulated solids and voids delineated by large panels of coloured glass (red, orange, pink and blue) which can now be found throughout the house. The ground floor incorporates the family and reception spaces while the first floor contains the children's bedrooms and a TV room in the form of a balcony overlooking the living room. The second floor, reserved for the parents (bedroom, office, bathroom and sauna), is contained within the old loft space and incorporates large glazed walls lying behind pivoting clerestories.

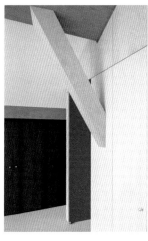

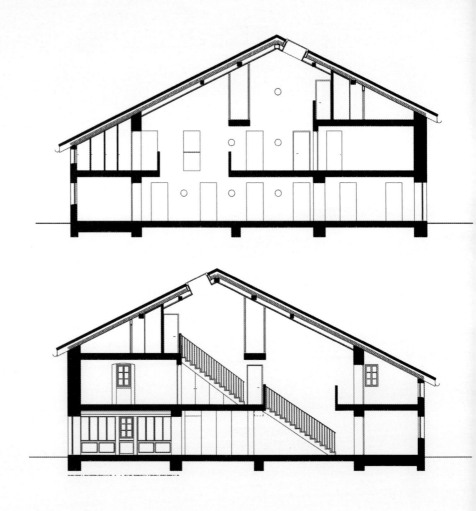

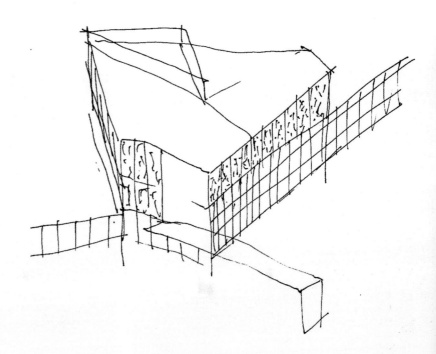

■ Maison de quartier Sora
Shiki, Japon

La maison de quartier Sora est située
au centre d'un ensemble d'immeubles
d'habitation ; elle accueille un café,
une garderie, une bibliothèque et
des salles de banquet.
Sa forme trapézoïdale met en relation
les différentes caractéristiques du site,
telles que l'axe d'entrée, la forme du terrain,
ou encore un cerisier historique, préservé
pendant la construction du quartier...
Sa façade est constituée d'une peau
en carreaux de céramique évoquant
une lumière solaire (Sora) pixelisée.

À l'intérieur, la lumière et les vues sont
distribuées d'une manière japonaise : vues
au ras du jardin, dominées de panneaux
de bois opaques pour l'ensemble café,
jeux d'enfants et bibliothèque. Les salles
de banquet, situées au niveau + 2, prennent
leur lumière naturelle sur une terrasse.

■ Sora Community Center

Shiki, Japan

The Sora community centre is located in the centre of a complex of housing blocks. It contains a café, day-care centre, library and banqueting halls.

Its trapezoid shape interconnects the various characteristics of the site, such as the entrance axis, the relief and the historic cherry tree that had been carefully protected during the construction of the district. Its elevations are clad in ceramic tiles that evoke a pixellated solar light (Sora). Inside, the light and views are distributed in a distinctly Japanese manner: low-lying views over the garden with opaque timber panels used for the café, children's play area and library spaces. The banqueting halls on level +2 are naturally lit through the adjoining terrace.

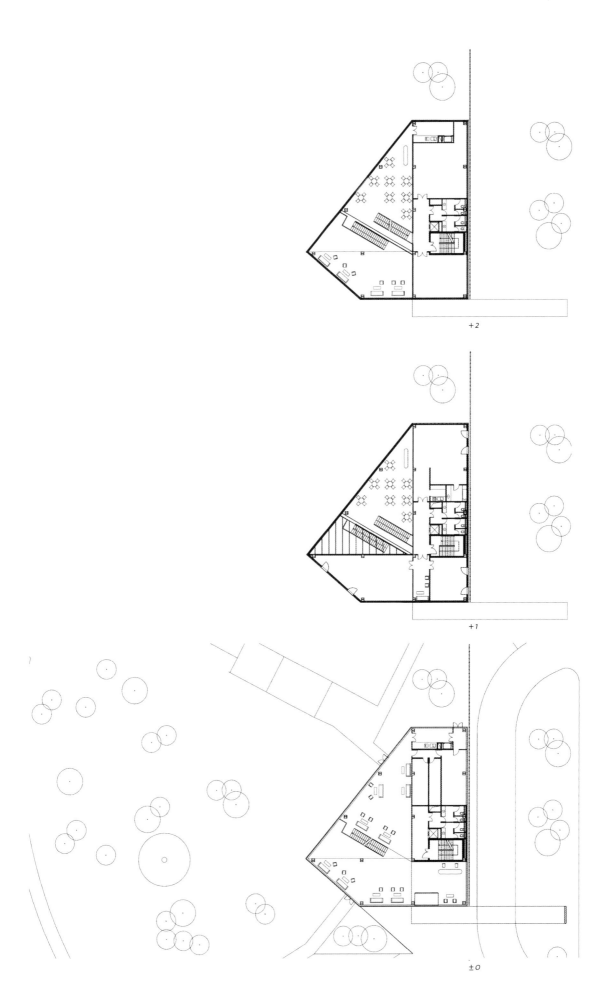

+2

+1

±0

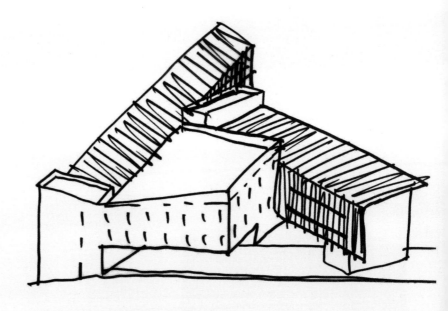

■ Hôpital Charlon

Pas-de-Calais, France

Le projet se compose de deux bâtiments, une clinique de 60 lits de long séjour et un bâtiment de services, tous deux implantés dans le parc de l'hôpital. La clinique, de forme triangulaire, présente deux ailes destinées aux chambres, orientées sud-est et sud-ouest, avec vue sur le jardin. Au nord sont localisés les services. Au centre, un puits de lumière met en relation les trois niveaux de l'immeuble. Le bâtiment de service, de forme rectangulaire, accueille la blanchisserie, la cuisine et les ateliers propres à l'ensemble de l'hôpital. Il est relié aux autres bâtiments par un réseau de tunnels qui permettent d'acheminer linge propre et repas. Une terrasse ombragée et protégée permet au personnel de prendre ses repas à l'extérieur. Le bâtiment, d'un seul niveau, est ancré dans le site par un volume opaque, habillé en brique jaune de Lhomme, qui dialogue avec les plaques de ciment beige de la clinique, et le bac acier gris-bleu, du bleu du ciel du Pas-de-Calais.

Charlon hospital

Pas-de-Calais, France

The project includes two buildings, one a clinic with 60 long-stay beds and the other a services building. Both are located within the hospital grounds.

The triangular-shaped clinic has two wings containing the south-east and south-west oriented bedrooms, all with garden views. The services are located to the north. A central light well provides a visual link between the three levels of the building. The triangular services building incorporates the laundry, kitchen and workshops used by the entire hospital.

It is connected to the other buildings by a network of tunnels used to transport clean laundry and meals. A protected and sheltered terrace allows the hospital personnel to eat outdoors. This single level building is anchored to the site by an opaque yellow brick clad volume that dialogues with the beige cement of the clinic, the grey-blue panels and the blue skies of the Pas-de-Calais region.

■ Maison V

Manche, France

La maison V est une maison familiale située dans le site exceptionnel de la baie du Mont-Saint-Michel ; directement en bord de mer, le terrain offre une vue exceptionnelle sur le fameux mont. La maison, en amorce du hameau de Saint-Léonard, se caractérise par un volume compact, entièrement carrossé d'acier gris anthracite, qui fait écho à la forme et la couleur des maisons avoisinantes aux toits d'ardoise. Reprenant un principe de coque métallique déjà exploré pour la maison R dans le Gard, ou l'immeuble Tur à Tokyo, la maison V offre un espace intérieur simple et dynamique, où l'on se sent particulièrement protégé. Construit à partir de l'observation des rites des occupants, l'espace intérieur se distingue par son sol en céramique jaune, dont la couleur conçue comme une contrepartie à la rareté du soleil dans cette région de France, a été spécialement mise au point pour ce lieu.

Nichée derrière la boulangerie, édicule datant du XIXᵉ et abritant un four a pain, la maison s'étire vers la mer au moyen d'une terrasse suspendue en bois. Depuis l'intérieur, et grâce au jeu des parallaxes, le *deck* apporte le Mont-Saint-Michel sur un plateau.

■ V house

Manche, France

The V house is a family house located on an exceptional site in the Mont-Saint-Michel bay. Giving directly onto the water's edge, the house is provided with a spectacular view of this renowned setting. The house, lying just outside the small village of Saint-Léonard, is characterised by a compact volume entirely clad in anthracite grey steel, echoing the form and colour of the nearby houses with their slate roofs. Using the principle of a metal shell, a solution already explored for Maison R in the Gard region and the Tur building in

Tokyo, Maison V offers a simple, protective yet dynamic interior space.

Designed to meet the specific needs of the occupants, the interior space is provided with a ceramic floor whose specially created yellow colour is intended to compensate for the lack of sunshine in this particular part of France.

Nestled behind the 19th century baker's shop with its bread oven, the house opens onto the sea along a suspended wooden terrace. Seen from the inside and thanks to use of parallax angles, the deck seems to reach out towards Mont-Saint-Michel.

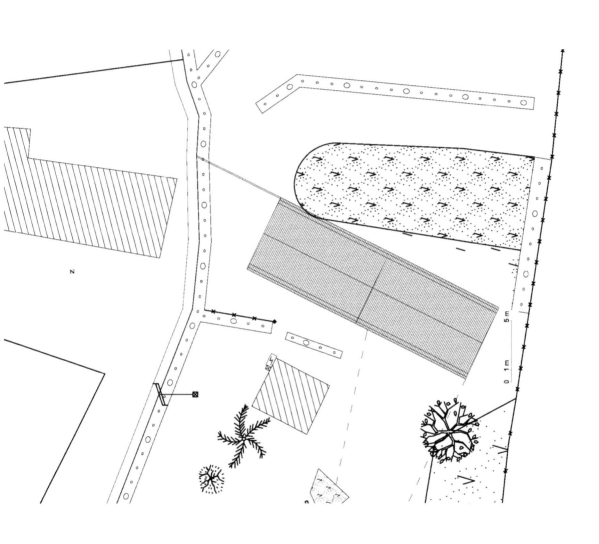

N

0 1m   5m

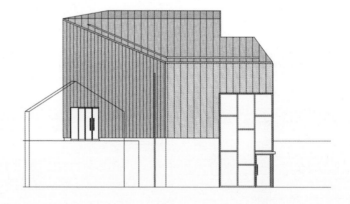

■ Immeuble Tur

Jingumae, Tokyo, Japon

L'immeuble Tur accueille deux commerces superposés, accessibles selon deux rues situées chacune à une extrémité de la parcelle traversante.

Conçu comme un « entrepôt urbain », l'immeuble se présente sous la forme d'une baleine anguleuse, échouée au milieu des ruelles qui bordent l'avenue Omotesando. Sans vitrine ni guère d'ouvertures, il se signale par une porte jaune canari. Entièrement habillé de zinc, l'immeuble se distingue par son calme dans un contexte très bariolé. Sa forme anguleuse présente un ensemble de biais, aussi bien en plan qu'en élévation, qui rend la traversée de l'îlot particulièrement dynamique, mettant en relation restaurant organique, café internet et fleuriste... À l'intérieur, un traitement simple des espaces et un mobilier flexible permet la présentation de vêtements aussi bien que d'expositions temporaires. À l'étage, trois cabines d'essayage en tissu tendu surplombent l'entrée, créant une tension intéressante et annonçant l'étage supérieur.

■ Tur building

Jingumae, Tokyo, Japan

The Tur building contains two superimposed shops accessible from two roads located at each end of the traversing plot. Designed as an "urban warehouse", the building resembles an angular whale beached in the middle of the lanes giving onto Avenue Omotesando. With no shop windows and hardly any openings, the entrance is signalled by a canary yellow door. The completely zinc-clad building is remarkable for its calm presence in a highly colourful context. Its angular shape is expressed through a series of slants

— both in plan and elevation — that make the crossing of the plot a particularly dynamic experience interconnecting a wholefood restaurant, an internet café and a florist.

Inside, the simple handling of the spaces and flexible furniture are fully adapted to the presentation of clothes and temporary exhibitions. On the upper level, three stretched fabric changing rooms overlook the entrance, creating an interesting tension and revealing the route to be taken to reach the upper floor.

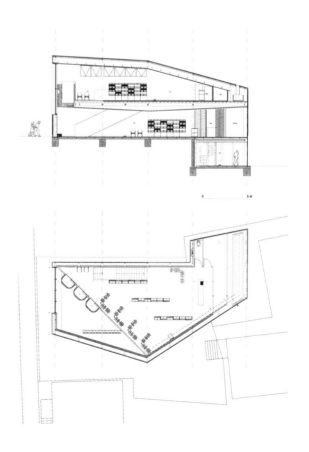

Design

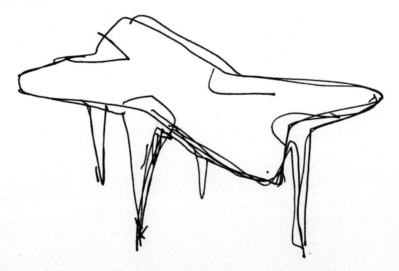

■ Mouvements Modernes

Paris, 8ᵉ

Pierre Staudenmeyer, directeur des galeries Neotu puis Mouvements Modernes, invita Christian Biecher à participer à une exposition collective sur le thème des bibliothèques en 2000. Christian Biecher présenta une petite bibliothèque en bois laqué fermée par des portes souples en polypropylène translucide. S'en suivit un exposition personnelle en 2002, présentant la bibliothèque et ses déclinaisons, sièges, tapis, lampe, table.En 2005, Mouvements Modernes présenta la collection *Vivre avec*, travail hétérogène sur les transparences

(PMMA et verre colorés), les brillances (chrome, argent) et les formes sculpturales, appliqué à un simple mobilier.En 2009, mouvements modernes co-produit le projet *Lace*, travail de Christian Biecher pour la Manufacture nationale de Sèvres, constitué d'une forme torve et creuse, empilable et juxtaposable, servant de vase (deux éléments) ou de claustra (à partir de vingt-quatre éléments) qui s'inscrit dans la lignée des projets à échelle architecturale réalisés à la Manufacture par les architectes tels que Mallet Stevens.

CLX, table, 2002
Cerceau, lampe, 2005

CLX, table, 2002
Cerceau, lamp, 2005

■ Mouvements Modernes

Paris, 8th

In 2002, Pierre Staudenmeyer, director of the Neotu and then Mouvements Modernes galleries, invited Christian Biecher to participate in a collective exhibition based on the theme of bookcases. Christian Biecher presented a small lacquered wooden bookcase with flexible translucent polypropylene doors. This was followed by a personal exhibition held in 2002 presenting the bookcase and its variations, such as chairs, carpets, lamps and tables. In 2005, Mouvements Modernes presented the *Vivre* collection that incorporated heterogeneous work on transparency (PMMA and coloured glass), luminosity (chrome and silver) and sculptural forms adapted to furniture units. In 2009, Mouvements Modernes will co-produce the Lace project, being the work carried out for the Manufacture Nationale de Sèvres by Christian Biecher on a curved, hollowed form that can act as a vase (two elements) or a screen (as from 24 elements). This work follows on from other architecturally scaled projects carried out for the Manufacture by architects such as Mallet Stevens.

Lace, Manufacture nationale de Sêvres/
Mouvements Modernes, 2009

Rouge, semainier, 2005
Rouge, chest of drawers, 2005

Vertèbres, banc, 2005
Vertèbres, bench, 2005

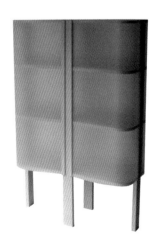

Argent, chaise, 2005
Argent, chair, 2005

Trans, bibliothèque, 2001
Trans, bookshelf, 2001

■ Démesure

Lyon, France

Le projet est un ensemble de produits
pour l'aménagement intérieur, constitué
d'une ligne de carreaux en céramique pleine
masse, accompagnée de joints, mosaïques
de verre et peintures dans les couleurs
coordonnées, de manière à proposer aux
architectes un ensemble visuel complet
et cohérent.

L'ensemble se décompose selon trois
gammes nommées énergie colorielle,
énergie urbaine et énergie graphique.

La première est un ensemble de teintes
neutres, foncées et claires, destinées à créer
les profondeurs de l'espace ; elle est
complétée par quatre couleurs vives, très
saturées, rendues possibles grâce aux
avancées techniques du groupe Marazzi.

La deuxième est un ensemble de textures,
reliefs et lumières né de l'observation
de la ville.

Enfin, la troisième permet un ensemble
de jeux graphiques géométriques,
floraux et sculpturaux, non sans clin d'œil
aux célèbres dessins de Gio Ponti.

La combinaison des gammes de carreaux
de céramique, mosaïques de verre, peintures
et joints permet un ensemble infini
de combinaisons, du pur monochrome
au pop'art saturé, en passant par les reflets
les plus doux et les plus subtils.

Démesure

Lyon, France

The project takes the form of a set of interior design products. It includes a collection of ceramic tiles accompanied by joints, glass mosaics and paints in coordinated colours. The idea is to offer architects a complete and coherent visual unity. The collection is broken down into three ranges called colour energy, urban energy and graphic energy. The first is a set of neutral light and dark tones intended to create spatial depths. It is completed by four bright, highly saturated colours made possible by the leading edge technologies developed by the Marazzi group.

The second is a series of textures, reliefs and colours intended to reflect city life. The third provides a collection of geometric, floral and sculptural graphics that pay homage to the well-known designs created by Gio Ponti.

The combination of ceramic tile ranges, glass mosaics, paints and joints provide an almost infinite number of combinations, from pure monochrome to saturated Pop Art, via the most delicate and subtle reflections.

Énergie colorielle
Colour energy

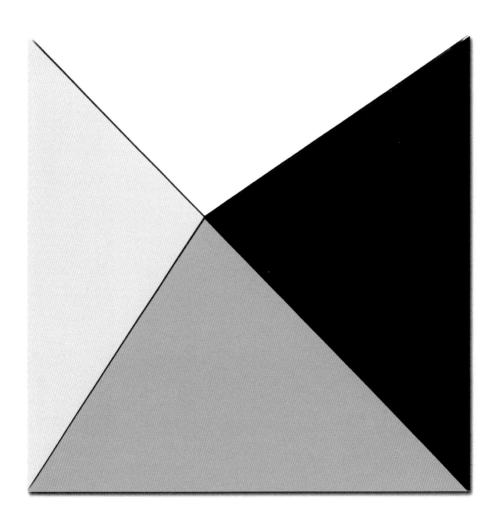

Énergie graphique
Graphic energy

Diagonale simple   **Simple diagonal**

Sculptures florales   **Floral sculpture**

Tapisserie florale   **Floral tapestry**

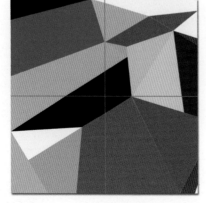

Néo-géo   **Neo-geo**

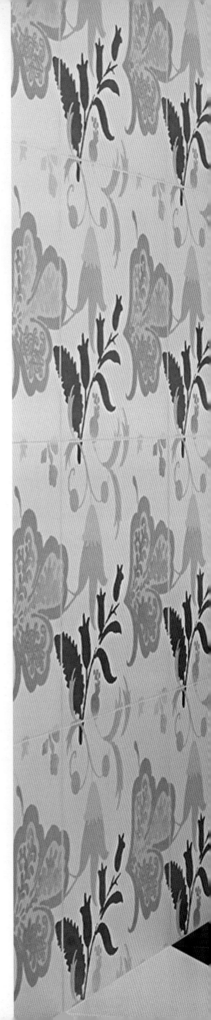

■ Bernhardt Design

Lenoir NC, États-Unis

La collaboration avec Bernhardt Design a commencé en 2002 et a porté sur trois collections à ce jour. *Abra*, collection de sièges (canapés, fauteuils) et tables est une déclinaison du mobilier dessiné pour le lounge du restaurant Korova (Paris, 2001). Adaptée au marché américain (tailles, finitions) la collection de sièges en mousse garnie de cuir et de maille, inspirée des sièges-baquet des voitures de rallye, a été un terrain de prédilection pour le savoir-faire exceptionnel des menuisiers et tapissiers de Caroline du Nord. Le « canapé rouge »,

présenté à ICFF (International Contemporary Furniture Fair), en 2002 marqua les esprits et valut à Christian Biecher d'être élu « New designer » par un jury international de journalistes, puis à la collection Abra d'être élue « Best seating » au salon NeoCon de Chicago.En 2004, Bernhardt Design édita *Vero*, aux lignes plus géométriques, puis en 2007, Christian Biecher conçut les textiles (*Circles, dots, cross*) et le siège *Onda* du projet Global Edition, réalisé par huit designers, parmi lesquels Jeffrey Bernett et Arik Levy.

Onda, chauffeuse, 2007
Onda, chair, 2007

Abra, canapé, table, 2002
Abra, sofa, table, 2002

Bernhardt Design

Lenoir NC, United States

The collaboration with Bernhardt Design began in 2002 and, to date, has resulted in three collections. *Abra*, a collection of chairs (sofas, armchairs) and tables, is a variation of the furniture designed for the Korova restaurant lounge (Paris, 2001). Adapted to the American market (sizes, finishes), the collection of leather and mesh covered chairs inspired by the bucket seats used in rally cars represented a chosen field for the exceptional know-how of the North Carolina joiners and upholsters. The "red sofa" presented at the ICFF (International Contemporary Furniture Fair) in 2002 made its mark and saw Christian Biecher elected "New designer" by an international jury of journalists. This was followed by the Abra collection being elected as "Best seating" at the NeoCon trade show in Chicago.In 2004, Bernhardt Design presented the more geometric lines of Vero. In 2007, Christian Biecher designed the Onda textiles (*Circles, dots, cross*) and chair for the Global Edition project, alongside works created by eight designers, including Jeffrey Bernett and Arik Levy.

Vero, table, canapé et fauteuil, 2007
Vero, table, sofa and armchair, 2007

■ **Immeuble Starship, p. 24**
Prague, République Tchèque
Maîtrise d'ouvrage : Orco Property Group
Maîtrise d'œuvre : Christian Biecher,
assisté de : Bruno Étienne, Élie Barrau,
Régis Botta, Alexander Bartzsch, architectes
Description : conception et construction
d'un immeuble à usage de bureaux,
commerces au rez-de chaussée et parking
souterrain
Surface : 82 000 m²
Date d'achèvement prévue : 2011

■ **Centre d'animation place des Fêtes, p. 30**
Paris 19ᵉ, France
Maîtrise d'ouvrage : Ville de Paris
Maîtrise d'œuvre : Christian Biecher, assisté
de : Bruno Étienne, Élie Barrau, architectes ;
Agnès Sourisseau, paysagiste ; Bethac et Argile,
B.E.T. ; Cabinet Ripeau, économiste
Description : conception et construction
d'un centre d'animation comprenant une salle
de spectacles en sous-sol et des espaces pour
activités sportives, artistiques et liguistiques
Surface : 1 750 m²
Date d'achèvement : 2007

■ **Ilot c7-1, p. 38**
Prague, République Tchèque
Maîtrise d'ouvrage : Orco Property Group
Maîtrise d'œuvre : Christian Biecher, assisté
de : Bruno Étienne, Élie Barrau, Régis Botta,
Alexander Bartzsch, architectes
Description : conception et construction
d'un ensemble de 3 immeubles de bureaux
sur un socle commun dans le cadre de
l'aménagement du quartier Bubny à Prague
Surface : 180 000 m²
Étude : 2008

■ **Starship building, p. 24**
Prague, Czech Republic
Client: Orco Property Group
Project management: Christian Biecher,
assisted by: Bruno Etienne, Elie Barrau,
Régis Botta, Alexander Bartzsch, architects
Description: design & build of an office
building with shops on the ground floor
and basement car park
Surface: 82 000 m²
Programmed completion date: 2011

■ **Place des Fêtes, Activities centre, p. 30**
Paris 19th, France
Client: Ville de Paris
Project management: Christian Biecher,
assisted by: Bruno Etienne, Elie Barrau,
architects; Agnès Sourisseau, landscape
designer; Bethac et Argile, engineers;
Cabinet Ripeau, surveyor
Description: design & build of an activities
centre, including a basement theatre and
spaces for sporting, artistic and linguistic
activities
Surface: 1 750 m²
Programmed completion date: 2007

■ **Block c7-1, p.38**
Prague, Czech Republic
Client: Orco Property Group
Project management: Christian Biecher,
assisted by: Bruno Etienne, Elie Barrau,
Régis Botta, Alexander Bartzsch, architects
Description: design & build of three office
buildings on a shared foundation base
within the framework of the renovation
of the Bubny district in Prague
Surface: 180 000 m²
Design: 2008

■ **Maison de l'Alsace à Paris, p. 42**
Paris 8ᵉ, France
Maîtrise d'ouvrage : Conseil général
du Bas-Rhin, Conseil général du Haut-Rhin
Maîtrise d'œuvre : Christian Biecher, assisté
de : Bruno Étienne, Chiara Peyrani, Régis Botta,
Anne-Sophie Pillet, architectes ; Argile, B.E.T.
Description : restructuration et extension
d'un immeuble d'angle sur les Champs-Élysées
Surface : 2 000 m²
Date de concours : 2008

■ **Hôtel Chambon de la Tour**
Uzès, France
Maîtrise d'ouvrage : SCI Spencer-Chambon,
SARL Trois
Maîtrise d'œuvre : Ariel Balmassière, agréé
en architecture, Uzès ; Christian Biecher, assisté
de : Céline Trétout, Xiao Dai, Alexander Bartszch
Description : restructuration et extension d'un
hôtel particulier en hôtel, spa et restaurant
Surface : 980 m²
Date d'achèvement : 2010

■ **Groupe scolaire La Plaine, p. 46**
Paris 20ᵉ, France
Maîtrise d'ouvrage : Ville de Paris
Maîtrise d'œuvre : Christian Biecher, assisté
de : Bruno Étienne, Régis Botta et Élie Barrau,
architectes
Description : restructuration partielle
et construction d'un bâtiment d'extension
du groupe scolaire
Surface : 4 250 m²
Date d'achèvement : 2010

■ **Maison de l'Alsace, Paris, p. 42**
Paris 8th, France
Client: Conseil général du Bas-Rhin, Conseil
général du Haut-Rhin
Project management: Christian Biecher,
assisted by: Bruno Etienne, Chiara Peyrani,
Régis Botta, Anne-Sophie Pillet, architects;
Argile, engineers
Description: restructuring and extension
of a corner building on the Champs-Élysées
Surface: 2 000 m²
Date of competition: 2008

■ **Chambon de la Tour Hotel**
Uzès, France
Client: SCI Spencer-Chambon,
SARL Trois
Project management: Ariel Balmassière,
accredited architects, Uzès. Christian Biecher,
assisted by: Céline Trétout, Xiao Dai, Alexander
Bartszch
Description: restructuring and extension of
a mansion to create a hotel, spa and restaurant
Surface: 980 m²
Completion date: 2010

■ **La Plaine School Complex, p.46**
Paris 20th, France
Client: Ville de Paris
Project management: Christian Biecher,
assisted by: Bruno Etienne, Régis Botta and
Elie Barrau, architects
Description: partial restructuring and
construction of a building extending
the school complex
Surface: 4 250 m²
Competition date: 2010

■ **Vaci 1, p. 54**
Budapest, Hongrie
Maîtrise d'ouvrage : Yuli Kft
Maîtrise d'œuvre : Christian Biecher, assisté
de : Domenica Giancola, Rony Levy,
Anne-Sophie Pillet, Patrick Facon, architectes ;
Alexis Coussement, consultant lumière ;
Konig & Wagner architectes d'exécution
Description : restructuration et aménagement
de l'ancienne bourse de Budapest en centre
de bureaux, commerces et restaurants
Surface : 24 000 m²
Date de livraison prévue : 2009

■ **Centre de loisirs et de commerces**
Lyon, France
Maîtrise d'ouvrage : Unibail-Rodamco
Maîtrise d'œuvre : Christian Biecher, assisté
de : Bruno Étienne, Stéphanie Supeljak, Chiara
Peyrani, Beatrix de la Tour d'Auvergne, architectes
Description : aménagement intérieur
d'un centre de loisirs et de commerces
(Jean-Paul Viguier, architecte)
Surface : 15 000 m²
Date d'achèvement prévue : 2010

■ **Tour Orco**
Varsovie, Pologne
Maîtrise d'ouvrage : Orco Property Group,
Unibail-Rodamco
Maîtrise d'œuvre : Christian Biecher, assisté
de : Stéphanie Supeljak, Élie Barrau
architectes ; Arcora, B.E.T. ; ACW, architectes
d'exécution
Description : restructuration d'une tour
de 30 étages à usage de bureaux ;
aménagement intérieur et façades
Surface : 25 000 m²
Date de livraison prévue : 2010

■ **Vaci 1, p. 54**
Budapest, Hungary
Client: Yuli Kft
Project management: Christian Biecher,
assisted by: Domenica Giancola, Rony Levy,
Anne-Sophie Pillet, Patrick Facon, architects ;
Alexis Coussement, lighting consultant;
Konig & Wagner architectes d'exécution
Description: restructuring and layout of
the former Budapest stock exchange building
into a complex containing offices, shops
and restaurants
Surface: 24 000 m²
Programmed handover date: 2009

■ **Leisure and shopping centre**
Lyon, France
Client: Unibail-Rodamco
Project management: Christian Biecher,
assisted by: Bruno Etienne, Stéphanie Supeljak,
Chiara Peyrani and Beatrix de la Tour
d'Auvergne, architects
Description: interior layout of a leisure and
shopping centre (Jean-Paul Viguier, architect)
Surface: 15 000 m²
Programmed completion date: 2010

■ **Orco Tower**
Warsaw, Poland
Client: Orco Property Group, Unibail-Rodamco
Project management: Christian Biecher,
assisted by: Stéphanie Supeljak and Elie
Barrau, architects; Arcora, engineers ; ACW,
construction architects
Description: restructuring of a 30 floor office
tower block; interior layout and elevations
Surface: 25 000 m²
Programmed completion date: 2010

■ **Immeuble Cristal**
Bordeaux, France
Maîtrise d'ouvrage : Unibail-Rodamco
Maîtrise d'œuvre : Christian Biecher, assisté
de : Stéphanie Supeljak, Bruno Étienne,
Élie Barrau, architectes ; Coteba, B.E.T. d'exécu-
tion
Description : réhabilitation d'un entrepôt en
immeuble à usage de commerces et services
(crêche)
Surface : 1 600 m²
Date d'achèvement prévue : 2009

■ **Maison V, p. 118**
Manche, France
Maîtrise d'ouvrage : privée
Maîtrise d'œuvre : Christian Biecher, assisté
de : Bruno Étienne et Anne-Sophie Pillet,
architectes
Description : maison privée dans la baie
du Mont-Saint-Michel
Surface : 150 m²
Date d'achèvement prévue : 2010

■ **Passage Mériadeck**
Bordeaux, France
Maîtrise d'ouvrage : Unibail-Rodamco
Maîtrise d'œuvre : Christian Biecher, assisté
de : Bruno Étienne et Anne-Sophie Pillet,
architectes
Description : aménagement intérieur d'une
galerie commerciale entre centre historique
de Bordeaux et quartier Mériadeck
Surface : 720 m²
Date d'achèvement prévue : 2009

■ **Cristal building**
Bordeaux, France
Client: Unibail-Rodamco
Project management: Christian Biecher,
assisted by: Stéphanie Supeljak, Bruno Etienne
and Elie Barrau, architects;
Coteba construction engineers
Description: rehabilitation of a warehouse to
create a building providing shops and services
(nursery)
Surface: 1 600 m²
Programmed completion date: 2009

■ **V house, p. 118**
Manche, France
Client: private
Project management: Christian Biecher,
assisted by: Bruno Etienne et Anne-Sophie
Pillet, architects
Description: private house in the Mont-Saint-
Michel bay
Surface: 150 m²
Programmed completion dat : 2010

■ **Passage Mériadeck**
Bordeaux, France
Client: Unibail-Rodamco
Project management: Christian Biecher,
assisted by: Bruno Etienne et Anne-Sophie
Pillet, architects
Description: interior layout of a shopping mall
between the historic centre of Bordeaux and
the Mériadeck district
Surface: 720 m²
Programmed completion date: 2009

■ Fauchon, p. 66
Paris, Pékin, Tokyo, Koweït City,
Casablanca, Dubaï
Maîtrise d'ouvrage : Fauchon SAS
Maîtrise d'œuvre : Christian Biecher, assisté
de : Alexander Bartzsch, Régis Botta, archi-
tectes ; Céline Trétout, Xiao Dai, et Rita El Fihri,
architectes d'intérieur ; Pascal Schaller,
designer ; Alexis Coussement, éclairagiste ;
Philippe Luquet, économiste ; Dumont-
Legrand, architecte d'exécution Paris
Description : aménagement des nouveaux
espaces Fauchon (magasins, boulangeries, cafés,
restaurants) à Paris (1 100 m²), Pékin (2 200 m²),
Casablanca (1 200 m²), Dubaï (500 m²)...
Date d'achèvement : en cours

■ Centre de la francophonie des Amériques
Québec, Canada
Maîtrise d'ouvrage : Ministère de la Culture
Maîtrise d'œuvre : Christian Biecher, assisté
de : Bruno Étienne, Élie Barrau, architectes
Description : aménagement intérieur
du Centre de la francophonie des Amériques
à Québec
Surface : 430 m²
Date du concours : 2007

■ Immeuble Nissen, p. 50
Kyoto, Japon
Maîtrise d'ouvrage : Nissen Co. Ltd.
Maîtrise d'œuvre : Christian Biecher, assisté de :
Élie Barrau et Federica Martinetto,
architectes ; Takenaka Design, B.E.T., architecte
d'exécution ; Desdoigts & Associés,
communication graphique
Description : conception d'un immeuble
de 9 étages à usage de bureaux pour le service
marketing et la présidence de Nissen
Surface : 9 000 m²
Date d'achèvement prévue : 2010

■ Fauchon, p. 66
Paris, Beijing, Tokyo, Kuwait City,
Casablanca, Dubaï
Client: Fauchon SAS
Project management: Christian Biecher,
assisted by: Alexander Bartzsch and Régis
Botta, architects; Céline Trétout, Xiao Dai and
Rita El Fihri, interior designers; Pascal Schaller,
designer; Alexis Coussement, lighting
specialist; Philippe Luquet, surveyor;
Dumont-Legrand, construction architect Paris.
Description: layout of new Fauchon spaces
(shops, bakeries, cafés, restaurants) in
Paris (1 100 m²), Beijing (2 200 m²), Casablanca
(1 200 m²), Dubai (500 m²), etc.
Completion date: in progress

■ Centre de la francophonie des Amériques
Québec, Canada
Client: Ministry of Culture
Project management: Christian Biecher,
assisted by: Bruno Etienne and Elie Barrau,
architects
Description: interior layout of the Centre de la
Francophonie des Amériques in Québec
Surface: 430 m²
Competition date: 2007

■ Nissen building, p. 50
Kyoto, Japon
Client: Nissen Co. Ltd.
Project manager: Christian Biecher, assisted by:
Elie Barrau and Federica Martinetto,
architects; Takenaka Design, engineers,
construction architects; Desdoigts & Associés,
graphic communications
Description: design of a nine floor office
building for Nissen's marketing department
and board of directors
Surface: 9 000 m²
Programmed completion date: 2010

■ Immeuble de bureaux Szervita
Budapest, Hongrie
Maîtrise d'ouvrage : Yuli Kft
Maîtrise d'œuvre : Christian Biecher, assisté
de Bruno Étienne, architecte
Description : conception d'un immeuble
à usage de bureaux et d'un parking souterrain
dans le centre historique de Budapest
Surface : 11 000 m²
Date du concours : 2006

■ Les Hauts de Talmont
Talmont-sur-Gironde, France
Maîtrise d'ouvrage : Les Hauts de Talmont
Maîtrise d'œuvre : Christian Biecher, assisté
de Pascal Schaller, designer
Description : aménagement d'un espace
de dégustation et vente pour le vin
Surface : 60 m²
Date d'achèvement : 2006

■ Galerie Martin du Louvre
Paris, France
Maîtrise d'ouvrage : Martin du Louvre
Maîtrise d'œuvre : Christian Biecher, assisté
de Pascal Schaller, designer
Description : aménagement d'une galerie d'art
Surface : 70 m²
Date d'achèvement : 2006

■ Szervita office building
Budapest, Hungary
Client: Yuli Kft
Project management: Christian Biecher,
assisted by Bruno Etienne, architect
Description: design of an office building
and basement car park in the historic centre
of Budapest
Surface: 11 000 m²
Competition date: 2006

■ Les Hauts de Talmont
Talmont-sur-Gironde, France
Client: Les Hauts de Talmont
Project manager: Christian Biecher, assisted
by Pascal Schaller, designer
Description: layout of a wine tasting
and sales area
Surface: 60 m²
Competition date: 2006

■ Martin du Louvre gallery
Paris, France
Client: Martin du Louvre
Project manager: Christian Biecher, assisted by
Pascal Schaller, designer
Description: layout of an art gallery
Surface: 70 m²
Completion date: 2006

■ Maison R, p. 88
Gard, France
Maîtrise d'ouvrage : privée
Maîtrise d'œuvre : Christian Biecher, assisté
de Bruno Étienne, architecte
Description : construction d'une maison familiale
Surface : 240 m²
Date d'achèvement : 2006

■ Crèche collective, p. 72
Paris 12ᵉ, France
Maîtrise d'ouvrage : Ville de Paris
Maîtrise d'œuvre : Christian Biecher, assisté
de : Bruno Étienne, architecte ; Bethac, B.E.T.
fluides ; Cabinet Ripeau, économiste
Description : restructuration et extension
d'une crèche sur quatre niveaux
Surface : 800 m²
Date d'achèvement : 2005

■ Harvey Nichols Hong Kong, p. 60
Queens Road Central, Hong Kong
Maîtrise d'ouvrage : Hong Kong Stores Limited
Partnership
Maîtrise d'œuvre : Christian Biecher, assisté
de : Federica Martinetto, Urs Keller, Élie Barrau
architectes ; Pascal Schaller, designer ;
Meinhardt, B.E.T. fluides ; Davis Langdon,
économistes de la construction
Description : aménagement intérieur
et façades d'un grand magasin comprenant
un restaurant gastronomique
Surface : 5 600 m²
Date d'achèvement : 2005

■ R house, p. 88
Gard, France
Client: private
Project manager: Christian Biecher, assisted
by Bruno Etienne, architect
Description: construction of a family house
Surface: 240 m²
Completion date: 2006

■ Nursery, p. 72
Paris 12nd, France
Client: Ville de Paris
Project management: Christian Biecher,
assisted by Bruno Etienne, architect;
Bethac, utilities; Cabinet Ripeau surveyor
Description: restructuring and extension
of a crèche over four levels
Surface: 800 m²
Completion date: 2005

■ Harvey Nichols Hong Kong, p. 60
Queens Road Central, Hong kong
Client: Hong Kong Stores Limited Partnership
Project management: Christian Biecher,
assisted by: Federica Martinetto, Urs Keller
and Elie Barrau, architects; Pascal Schaller,
designer; Meinhardt, utilities engineers;
Davis Langdon, construction surveyors
Description: interior layout and elevations for
a large department store, including a gourmet
restaurant
Surface: 5 600 m²
Completion date: 2005

■ **Harvey Nichols Dublin**
Drundrum Town, Dublin, Irlande
Maîtrise d'ouvrage : Harvey Nichols Stores Ltd.,
Dublin
Maîtrise d'œuvre : Christian Biecher, assisté
de : Rony Levy, Élie Barrau, Philippe Macaigne,
architectes ; Pascal Schaller, designer ; Silcock
Dawson, B.E.T. fluides ; Monaghan, économiste
Description : aménagement intérieur d'un
grand magasin comprenant un étage restauration
Surface : 3 000 m²
Date d'achèvement : 2005
(concours sur invitation)

■ **Maison S, p. 96**
Haute-Savoie, France
Maîtrise d'ouvrage : privée
Maîtrise d'œuvre : Christian Biecher, assisté
de : Bruno Étienne, Urs Keller, architectes ; ERM,
architecte d'exécution
Description : reconversion d'une ferme
chamoniarde en maison d'habitation.
Surface : 450 m²
Date d'achèvement : 2005

■ **Écoute! Écoute!**
Paris 8ᵉ, France
Maîtrise d'ouvrage : Phira
Maîtrise d'œuvre : Christian Biecher, assisté
de Céline Trétout, architecte d'intérieur
Description : magasin pilote pour un nouveau
concept de magasin de produits électroniques
Surface : 200 m²
Date d'achèvement : 2005

■ **Harvey Nichols Dublin**
Drundrum Town, Dublin, Irelande
Client: Harvey Nichols Stores Ltd., Dublin
Project management: Christian Biecher,
assisted by: Elie Barrau, Rony Levy and Philippe
Macaigne, architects; Pascal Schaller, designer;
Silcock Dawson, utilities engineers; Monaghan,
surveyor
Description: interior layout of a large
department store including a dining floor level
Surface: 3 000 m²
Completion date: 2005 (restricted competition)

■ **S house, p. 96**
Haute-Savoie, France
Client: private
Project management: Christian Biecher,
assisted by: Bruno Etienne and Urs Keller,
architects; ERM, construction architect; ERM,
architecte d'exécution
Description: conversion of a Chamonix farm-
house into a house
Surface: 450 m²
Completion date: 2005

■ **Écoute! Écoute!**
Paris 8th, France
Client: Phira
Project management: Christian Biecher,
assisted by Céline Trétout, architecte
Description: pilot shop for a new concept
of shops selling electronic products
Surface: 200 m²
Completion date: 2005

■ **Gaumont**
France
Maîtrise d'ouvrage : Gaumont
Maîtrise d'œuvre : Christian Biecher, architecte,
en association avec DAHM architectes
Description : concept architectural pour
les multiplexes Gaumont
Surface : variable
Date du concours : 2005

■ **Picard**
France
Maîtrise d'ouvrage : Picard
Maîtrise d'œuvre : Christian Biecher, assisté
de : Bruno Étienne, Linda Retter, architectes ;
Alexis Coussement, consultant lumière
Description : identité architecturale
des magasins Picard
Surface : variable
Date d'achèvement : 2005

■ **Canal +**
Issy-les-Moulineaux, France
Maîtrise d'ouvrage : Canal +
Maîtrise d'œuvre : Christian Biecher, assisté
de : Élie Barrau et Bruno Étienne, architectes
Description : hall d'accueil, foyer et salle
de projection
Surface : 650 m²
Date du concours : 2005

■ **Gaumont**
France
Client: Gaumont
Project manager: Christian Biecher, architect,
in association with DAHM architects
Description: architectural concept
for Gaumont multi-screen cinemas
Surface: variable
Competition date: 2005

■ **Picard**
France
Client: Picard
Project management: Christian Biecher,
assisted by: Bruno Etienne and Linda Retter,
architect; Alexis Coussement, lighting
consultant
Description : architectural identity for Picard
shops
Surface: variable
Completion date: 2005

■ **Canal +**
Issy-les-Moulineaux, France
Client: Canal +
Project manager: Christian Biecher, assisted
by: Elie Barrau and Bruno Etienne, architects
Description: reception hall, foyer and
screening room
Surface: 650 m²
Competition date: 2005

■ Trafic d'influence : art & design
collection du Frac Nord Pas-de-Calais
Tri Postal, Lille, France
Maîtrise d'ouvrage : Lille 2004
Commissariat : Katia Baudin, Directrice du Frac
Nord Pas-de-Calais
Scénographie : Christian Biecher
et Stéphane Calais
Description : installation dans le cadre
de l'exposition de la collection de design
du Frac Nord-Pas-de-Calais au Tri postal dans
le cadre de Lille 2004, capitale européenne
de la culture
Année de l'exposition : 2004

■ Espace d'expositions Paul Ricard
Château Sainte-Marthe, Marseille, France
Maîtrise d'ouvrage : Ricard S.A.
Maîtrise d'œuvre : Christian Biecher, assisté
de : Élie Barrau, architecte, Céline Trétout,
architecte d'intérieur
Description: conception d'un espace musée
dédié à la marque Ricard, aux arts et musiques
électroniques, dans les anciens studios
de cinéma Paul Ricard, Château Sainte-Marthe
à Marseille
Surface : 1 150 m²
Date de l'étude : 2005

■ Maison de quartier Sora, p. 104
Shiki, Japon
Maîtrise d'ouvrage : Nomura Real Estate
Development Co., Ltd
Maîtrise d'œuvre : Christian Biecher, assisté
de : Élie Barrau et Soizic Lebigot, architectes ;
Kajima, B.E.T. ; Higetoshi Haraki, Megumi
Onikura, coordination
Description : conception d'une maison
de quartier comprenant café, bibliothèque,
jeux pour enfants et salles de banquets
Surface : 1 400 m²
Date d'achèvement : 2004

■ Trafic d'influence: Frac Nord Pas-de-Calais
art & design collection
Postal sorting centre, Lille, France
Client: Lille 2004
Commissioner: Katia Baudin, Directrice du Frac
Nord-Pas-de-Calais
Scenography: Christian Biecher and Stéphane
Calais
Description: installation within the scope of
the Frac Nord-Pas-de-Calais design collection
exhibition at the postal sorting centre, part
of the Lille 2004, European Cultural Capital
events
Year of exhibition: 2004

■ Paul Ricard exhibition space
Château Sainte-Marthe, Marseille, France
Client: Ricard S.A.
Project management: Christian Biecher,
assisted by: Elie Barrau, architect, and Céline
Trétout, interior designer
Description: design of a museum space
devoted to the Ricard brand, the arts
and electronic music, in the former Paul Ricard
film studios, Château Sainte-Marthe
in Marseille
Surface: 1 150 m²
Date of study: 2005

■ Sora Community Center, p. 104
Shiki, Japan
Client: Nomura Real Estate Development Co.,
Ltd
Project management: Christian Biecher,
assisted by: Elie Barrau and Soizic Lebigot,
architects; Kajima, engineers; Shigetoshi
Haraki, Megumi Onikura, coordination
Description: design of a community centre
including café, library, children's play area
and banqueting halls
Surface: 1 400 m²
Completion date: 2004

■ **Office de tourisme de Paris, p. 78**
Paris 8ᵉ, France
Maîtrise d'ouvrage : Office du tourisme
et des congrès de Paris
Maîtrise d'œuvre : Christian Biecher, assisté
de : Céline Trétout, architecte d'intérieur ;
Alexis Coussement, consultant lumière ;
Bethac, B.E.T. fluides ; Argile, B.E.T. structure ;
Cabinet Ripeau, économistes de la construction
Description : aménagement de l'espace
d'accueil principal de l'Office du tourisme
et des congrès de Paris et réhabilitation
des façades
Surface : 250 m²
Date d'achèvement : 2004

■ **Pierre Hermé, p. 84**
Paris 15ᵉ, France
Maîtrise d'ouvrage : Pâtisserie Paris Saint-Sulpice
Maîtrise d'œuvre : Christian Biecher, assisté
de : Bruno Étienne, architecte, Céline Trétout,
architecte d'intérieur ; Alexis Coussement,
consultant lumière
Description : aménagement intérieur
d'une pâtisserie
Surface : 50 m²
Date d'achèvement : 2004

■ **Immeuble de logements Shiki**
Shiki, Japon
Maîtrise d'ouvrage : Nomura Real Estate
Development Co., Ltd
Maîtrise d'œuvre : Christian Biecher, assisté
de : Élie Barrau et Soizic Lebigot, architectes ;
Shigetoshi Haraki, Megumi Onikura, coordination
Description : conception d'un ensemble
de 400 logements
Surface : 95 000 m²
Date du projet : 2003

■ **Paris Tourist Office, p. 78**
Paris 8th, France
Client: Office du tourisme et des congrès
de Paris
Project management: Christian Biecher,
assisted by: Céline Trétout, interior designer;
Alexis Coussement, lighting consultant;
Bethac, utilities engineers; Argile, structural
engineers; Cabinet Ripeau, construction
surveyors
Description: layout of the main reception
area for the Office du Tourisme et des Congrès
de Paris and renovation of the facades
Surface: 250 m²
Completion date: 2004

■ **Pierre Hermé, p. 84**
Paris 15th, France
Client: Pâtisserie Paris Saint-Sulpice
Project management: Christian Biecher,
assisted by: Bruno Etienne, architect, Céline
Trétout, interior designer; Alexis Coussement,
lighting consultant
Description: layout of a patisserie
Surface: 50 m²
Completion date: 2004

■ **Shiki housing building**
Shiki, Japan
Client: Nomura Real Estate Development Co.,
Ltd
Project management: Christian Biecher,
assisted by: Elie Barrau and Soizic Lebigot,
architects; Shigetoshi Haraki, Megumi Onikura,
coordination
Description: design of a 400 unit housing
complex
Surface: 95 000 m²
Date of project : 2003

■ Yvon Lambert
Paris 3ᵉ, France
Maîtrise d'ouvrage : Galerie Yvon Lambert
Maîtrise d'œuvre : Christian Biecher, assisté
d'Emilien Landes, architecte d'intérieur
Description : extension et restructuration de
la galerie d'exposition et création d'une librairie
Surface : 750 m²
Date d'achèvement : 2003

■ Maison B
**Ile Saint-Germain, Issy-les-Moulineaux,
France**
Maîtrise d'ouvrage : privée
Maîtrise d'œuvre : Christian Biecher, assisté
de : Bruno Étienne, Soizic Lebigot, architectes
Description : construction d'une maison privée
sur l'Ile Saint-Germain
Surface : 330 m²
Date d'achèvement : 2003

■ Estnation
Tokyo, Japon
Maîtrise d'ouvrage : Estnation
Maîtrise d'œuvre : Christian Biecher, assisté
de : Élie Barrau, architecte ; Emilien Landes,
architecte d'intérieur
Description : aménagement intérieur
de grands magasins de luxe
Surface : Yurakucho, 1 500 m² ; Roppongi, 3 000 m²
Date d'achèvement : 2003

■ Yvon Lambert
Paris 3rd, France
Client: Galerie Yvon Lambert
Project management: Christian Biecher, assis-
ted by Emilien Landes, interior designer.
Description: extension and restructuring
of the exhibition gallery and creation of
a bookshop
Surface: 750 m²
Completion date: 2003

■ B house
**Ile Saint-Germain, Issy-les-Moulineaux,
France**
Client: Private
Project management: Christian Biecher,
assisted by: Bruno Etienne and Soizic Lebigot,
architects
Description: construction of a private house on
Ile Saint-Germain
Surface: 330 m²
Completion date: 2003

■ Estnation
Tokyo, Japan
Client: Estnation
Project management: Christian Biecher,
assisted by: Elie Barrau, architect; Emilien
Landes, interior designer
Description: interior layout of large luxury
stores
Surface: Yurakucho, 1 500 m²; Roppongi, 3 000 m²
Completion date: 2003

■ **Maison A**
Rue Réaumur, Paris 2ᵉ, France
Maîtrise d'ouvrage : privée
Maîtrise d'œuvre : Christian Biecher, assisté
de Bruno Étienne, architecte
Description : restructuration d'une maison
à usage d'habitation.
Suface : 60m²
Date d'achèvement :2003

■ **Appartement B**
Luxembourg, Luxembourg
Maîtrise d'ouvrage : privée
Maîtrise d'œuvre : Christian Biecher, assisté
de Linda Retter, architecte
Description : aménagement intérieur
d'un appartement privé en penthouse
Surface : 130 m²
Date d'achèvement : 2003

■ **Direction Régionale et Départementale
de l'Équipement**
Strasbourg, France
Maîtrise d'ouvrage : S.E.R.S.
Maîtrise d'œuvre : Christian Biecher, assisté
de : Bruno Étienne, Soizic Lebigot, architectes ;
S.B.E., B.E.T.
Description : conception du siège des
Directions régionale et départementale
de l'équipement à Strasbourg
Surface : 7 400 m²
Date du concours : 2002

■ **A house**
Rue Réaumur, Paris 2nd, France
Client: private
Project manager: Christian Biecher, assisted
by Bruno Etienne, architect
Description: restructuring of a house
Surface: 60 m²
Completion date: 2003

■ **B residence**
Luxembourg, Luxembourg
Client: Private
Project management: Christian Biecher,
assisted by Linda Retter, architect
Description: conversion of a private apartment
into a penthouse
Surface: 130 m²
Completion date: 2003

■ **Direction Régionale et Départementale
de l'Équipement**
Strasbourg, France
Client: S.E.R.S.
Project management: Christian Biecher,
assisted by: Bruno Etienne and Soizic Lebigot,
architects; S.B.E.: engineers
Description: design of the head offices for
the regional and departmental branches of
the Ministry of Infrastructures in Strasbourg
Surface: 7 400 m²
Competition date: 2002

■ **Christian Biecher, Before**
Musée des Arts décoratifs, Paris 1er, France
Maîtrise d'ouvrage : U.C.A.D.
Maîtrise d'œuvre : Christian Biecher
Description : exposition de 10 ans de création
à la galerie d'actualité du musée des Arts
décoratifs, Paris, France
Année de l'exposition : 2002

■ **Siège social de Issey Miyake Inc.**
Tokyo, Japon
Maîtrise d'ouvrage : Issey Miyake Inc.
Maîtrise d'œuvre : Christian Biecher, assisté
de : Matei Agarici, architecte ; Shigetoshi
Haraki, Megumi Onikura, coordination
Description : aménagement intérieur
et conception du mobilier du siège social
de Issey Miyake Inc
Surface : 500 m²
Date d'achèvement : 2002

■ **Salon vidéo du Pavillon de l'Arsenal**
Paris 4e, France
Maîtrise d'ouvrage : Pavillon de l'Arsenal
Maîtrise d'œuvre : Christian Biecher, assisté
de Soizic Lebigot, architecte
Description : salon de consultation
des archives vidéo de la bibliothèque
du Pavillon de l'Arsenal
Surface : 45 m²
Date d'achèvement : 2002

■ **Christian Biecher, Before**
Musée des Arts décoratifs, Paris 1st, France
Client: Paris-Musées
Project management: Christian Biecher
Description: exhibition of 10 years of création
in the new artwork gallery of the Musée
des Arts décoratifs, Paris, France
Year of exhibition: 2002

■ **Issey Miyake inc head office**
Tokyo, Japan
Client: Issey Miyake Inc.
Project management: Christian Biecher,
assisted by: Matei Agarici, architect; Shigetoshi
Haraki, Megumi Onikura, coordination
Description: interior layout and furniture
design for the Issey Miyake Inc. head office.
Surface: 500 m²
Completion date: 2002

■ **Pavillon de l'Arsenal video screening room**
Paris 4th, France
Client: Pavillon de l'Arsenal
Project management: Christian Biecher,
assisted by Soizic Lebigot, architect
Description: video archives consultation room
in the Pavillon de l'Arsenal library
Surface: 45 m²
Completion date: 2002

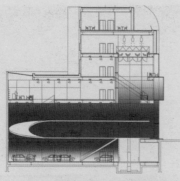

COUPE LONGITUDINALE

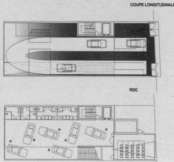

RDC

■ **Immeuble Citroën**
Avenue des Champs-Élysées 8ᵉ, Paris, France
Maîtrise d'ouvrage : automobiles Citroën
Maîtrise d'œuvre : Christian Biecher, assisté
de : Élie Barrau et Soizic Lebigot, architectes ;
Technip TPS, B.E.T.
Description : consultation internationale sur
invitation pour la construction d'un immeuble
à usage de showroom et bureaux
Surface : 1 200 m²
Date du concours : 2002

■ **H.A.Deux**
Tokyo, Japon
Maîtrise d'ouvrage : H.A.Deux
Maîtrise d'œuvre : Christian Biecher
Description : aménagement des bureaux
de la société H.A.Deux
Surface : 600 m²
Date d'achèvement : 2002

■ **Restaurant du musée des Arts décoratifs**
Palais du Louvre, Paris 1ᵉʳ
Maîtrise d'ouvrage : Union Centrale des Arts
Décoratifs
Maître d'œuvre : Christian Biecher, assisté
de Céline Trétout, architecte d'intérieur
Description : restaurant du musée des Arts
décoratifs
Surface : 420 m²
Date du concours : 2002 (projet lauréat, non
réalisé)

■ **Citroën Building**
Avenue des Champs-Élysées, Paris 8th, France
Client: Automobiles Citroën
Project management: Christian Biecher,
assisted by: Elie Barrau and Soizic Lebigot,
architects; Technip TPS, engineers
Description: restricted international consulta-
tion for the construction of a building
Surface: 1 200 m²
Competition date: 2002

■ **H.A.Deux**
Tokyo, Japan
Client: H.A.Deux
Project management: Christian Biecher
Description: layout of offices for the H.A.Deux
company
Surface: 600 m²
Completion date: 2002

■ **Restaurant in the Musée des Arts
Décoratifs**
Palais du Louvre, Paris 1st
Client: Union Centrale des Arts Décoratifs
Project manager : Christian Biecher, assisted
by Céline Trétout, interior designer
Description: restaurant in the Musée des Arts
Décoratifs
Surface: 420 m²
Competition date: 2002 (winning project, not
built).

■ **Pavillon Mitsui**
Aoyama, Tokyo, Japon
Maîtrise d'ouvrage : Mitsui Fudosan
Maîtrise d'œuvre : Christian Biecher,
assisté de : CélineTrétout, architecte d'intérieur ;
Shigetoshi Haraki, Megumi Onikura,
coordination
Description : conception d'un bâtiment
de deux étages à usage de bureaux
et appartements témoin
Surface : 1 600 m²
Date d'achèvement : 2001

■ **Immeuble Tur, p. 124**
Jingumae, Tokyo, Japon
Maîtrise d'ouvrage : D'Urban Inc
Maîtrise d'œuvre : Christian Biecher, assisté
de : Élie Barrau et Linda Retter, architectes ;
Shigetoshi Haraki, Megumi Onikura, coordination
Description : Conception d'un bâtiment
à usage de commerce, aménagements
intérieurs et mobilier
Surface : 420 m²
Date d'achèvement : 2001

■ **Madeleine**
Harumi, Ginza et Ikebukuro, Tokyo, Japon
Maîtrise d'ouvrage : Doutor Coffee Co., Ltd
Maîtrise d'œuvre : Christian Biecher, assisté
de : Soizic Lebigot, architecte ; en collaboration
avec Hervé van der Straeten
Description : concept d'aménagement
intérieur d'une chaîne de cafés
Surface : Ikebukuro 150 m², Harumi 250 m²,
Ginza 300 m²
Date d'achèvement : 2001

■ **Mitsui Pavilion**
Aoyama, Tokyo, Japan
Client: Mitsui Fudosan
Project management: Christian Biecher,
assisted by: CélineTrétout, interior designer;
Shigetoshi Haraki, Megumi Onikura,
coordination
Description: design of a two floor building
containing offices and show flats
Surface: 1 600 m²
Completion date: 2001

■ **Tur Building, p. 122**
Jingumae, Tokyo, Japan
Client: D'Urban Inc
Project management: Christian Biecher,
assisted by: Elie Barrau and Linda Retter,
architects; Shigetoshi Haraki, Megumi Onikura,
coordination
Description: design of a building containing
shop interior layout and furniture
Surface: 420 m²
Completion date: 2001

■ **Madeleine**
Harumi, Ginza et Ikebukuro, Tokyo, Japan
Client: Doutor Coffee Co., Ltd
Project management: Christian Biecher, assis-
ted by: Soizic Lebigot, architect; in collaboration
with Hervé van der Straeten
Description: interior layout concept for a chain
of coffee shops
Surface: Ikebukuro 150 m², Harumi 250 m²,
Ginza 300 m²
Completion date: 2001

■ Joseph
Paris 8ᵉ, France
Maîtrise d'ouvrage : Joseph London SARL
Maîtrise d'œuvre : Christian Biecher assisté
de : Matei Agarici et Soizic Lebigot, architectes ;
Agnès Cambus, designer ; Alexis Coussement,
consultant lumière
Description : aménagement intérieur
et conception du mobilier d'un magasin
de vêtements et d'un restaurant
Surface : 830 m²
Date d'achèvement : 2000

■ Korova
Paris 8ᵉ, France
Maîtrise d'ouvrage : Liquid SAS
Maîtrise d'œuvre : Christian Biecher, assisté
de : Matei Agarici, architecte ; Agnès Cambus,
Katja Hettler, designers ; Alexis Coussement,
consultant lumière
Description : aménagement intérieur et
conception du mobilier d'un restaurant.
Photos collection musée national d'Art
moderne/Centre de création industrielle
(MNAM/CCI) Centre Georges-Pompidou, Paris
Surface : 250 m²
Date d'achèvement : 2000

■ Voilà, le monde dans la tête
**Musée d'Art moderne de la Ville de Paris,
Paris 16ᵉ**
Maîtrise d'ouvrage : Paris-Musées
Maîtrise d'œuvre : Christian Biecher, assisté
de : Bruno Étienne, architecte ; Alexis
Coussement, consultant lumière
Description : scénographie de l'exposition
du passage à l'an 2000, Christian Boltanski
et Bertrand Lavier, commissaires
Surface : 5 400 m²
Année de l'exposition : 2000

■ Joseph
Paris 8th, France
Client: Joseph London SARL
Project management: Christian Biecher
assisted by: Matei Agarici and Soizic Lebigot,
architects; Agnès Cambus, designer; Alexis
Coussement, lighting consultant
Description: interior layout and furniture
design for a clothes shop and restaurant
Surface: 830 m²
Completion date: 2000

■ Korova
Paris 8th, France
Client: Liquid SAS
Project management: Christian Biecher;
assisted by: Matei Agarici and Soizic Lebigot,
architects; Agnès Cambus, designer; Alexis
Coussement, lighting consultant
Description: interior layout and furniture
design for a restaurant. National museum
of Modern Art photo collection/ Industrial
design centre (MNAM/CCI) Centre Georges-
Pompidou, Paris
Surface: 250 m²
Completion date: 2000

■ Voilà, le monde dans la tête
**Musée d'Art moderne de la Ville de Paris,
Paris 16th**
Client: Paris-Musées
Project management: Christian Biecher,
assisted by: Bruno Etienne, architect;
Alexis Coussement, lighting consultant
Description: scenography for an exhibition
celebrating the new millennium, Christian
Boltanski and Bertrand Lavier, curators
Surface: 5 400 m²
Year of exhibition: 2000

■ **Drugstore Publicis**
Champs-Élysées 8ᵉ, Paris, France
Maîtrise d'ouvrage : Publicis
Maîtrise d'œuvre : Christian Biecher, assisté
de : Matei Agarici, Bruno Étienne, Thomas
Raynaud, architectes ; Agnès Cambus, designer ;
Alexis Coussement, consultant lumière
Description : aménagement intérieur d'un
ensemble de restaurants, boutiques, cinémas
et studios média
Surface : 3 700 m²
Date du concours : 2000
(concours sur invitation)

■ **Hôpital Charlon, p. 110**
Pas-de-Calais, France
Maîtrise d'ouvrage : Établissement Public
de Santé de Hénin-Beaumont
Maîtrise d'œuvre : Christian Biecher, assisté
de : Bruno Étienne, architecte ; Agnès Sourisseau,
paysagiste ; Serete constructions, B.E.T.
Description : construction d'une clinique de
60 lits et d'un bâtiment technique comprenant une buanderie, une cuisine centrale,
des ateliers et des garages
Surface : 3 518 m² pour le centre de long séjour
et 2 650 m² pour le bâtiment cuisine-buanderie-
ateliers
Date d'achèvement : 1999 (concours sur
invitation 1994)

■ **Caisse des dépôts et consignations**
Bureaux de la direction bancaire de la Caisse
des dépôts et consignations
Quai Anatole France, Paris 7ᵉ, France
Maîtrise d'ouvrage : Caisse des dépôts
et consignations
Maîtrise d'œuvre : Christian Biecher, assisté
de : Matei Agarici, architecte ; Technip Tps,
B.E.T. ; Stéphane Calais, artiste
Description : aménagement intérieur de
la Direction bancaire de la Caisse des dépôts
et consignations, comprenant bureaux, halls,
auditorium, salles de conférences, foyer-bar
et parkings
Surface : 15 000 m²
Date d'achèvement : 1999

■ **Drugstore Publicis**
Champs-Élysées 8ᵉ, Paris, France
Client: Publicis
Project management: Christian Biecher,
assisted by: Matei Agarici, Bruno Etienne and
Thomas Raynaud, architects; Agnès Cambus,
designer; Alexis Coussement, lighting
consultant
Surface: 3 700 m²
Competition date: 2000 (restricted competition)

■ **Charlon hospital, p. 110**
Pas-de-Calais, France
Client: Établissement public de santé
de Hénin-Beaumont
Project management: Christian Biecher,
assisted by: Bruno Etienne, architect;
Agnès Sourisseau, landscape designer;
Serete constructions, engineers
Description: construction of a 60-bed clinic
and a technical building containing a laundry,
central kitchen, workshops and garages
Surface: 3 518 m² for the long-stay centre
and 2 650 m² for the kitchen-laundry and
workshops building
Completion date: 1999 (restricted competition,
1994)

■ **Caisse des Dépôts et Consignations**
Bureaux de la direction bancaire de la Caisse
des Dépôts et Consignations
Quai Anatole France, Paris 7th, France
Client: Caisse des Dépôts et Consignations
Project management: Christian Biecher,
assisted by: Matei Agarici, architect; Technip
Tps, engineers;Stéphane Calais, artist
Description: interior layout of the Caisse des
Dépôts et Consignations banking division,
including offices, halls, auditorium, conference
rooms, foyer-bar and car park
Surface: 15 000 m²
Completion date: 1999

■ **Tsumori Chisato**
Paris 3ᵉ, France
Maîtrise d'ouvrage : A-Net Europe.
Maîtrise d'œuvre : Christian Biecher, assisté
de : Bruno Étienne et Soizic Lebigot,
architectes ; Alexis Coussement, consultant
lumière ; Bethac, B.E.T.
Description : aménagement intérieur
et mobilier d'une boutique de vêtements
et d'accessoires
Surface : 160 m²
Date d'achèvement : 1999

■ **La Boutique**
Tokyo, Japon
Maîtrise d'ouvrage : T.L.K. KK.
Maîtrise d'œuvre : Christian Biecher, assisté
de Soizic Lebigot, architecte
Description : aménagement intérieur et mobilier
d'une boutique de vêtements, accessoires et CD
Surface : 45 m²
Date d'achèvement : 1999

■ **Station de métro Franklin Roosevelt**
Paris 8ᵉ, France
Maîtrise d'ouvrage : RATP et Comité Colbert
Maîtrise d'œuvre : Christian Biecher, assisté de
Matei Agarici, architecte ; Alexis Coussement,
consultant lumière ; Diasonic, design sonore
Description : aménagement intérieur et
animation audiovisuelle de la station de métro
Franklin D. Roosevelt
Date du concours : 1999

■ **Tsumori Chisato**
Paris 3ᵉ, France
Client: A-Net Europe
Project management: Christian Biecher,
assisted by: Bruno Etienne and Soizic Lebigot,
architects; Alexis Coussement, lighting
consultant; Bethac, engineers
Description: interior layout and furniture for
a clothing and accessories shop
Surface: 160 m²
Completion date: 1999

■ **La Boutique**
Tokyo, Japan
Client: T.L.K. KK.
Project management: Christian Biecher,
assisted by Soizic Lebigot, architect
Description: internal layout and furniture
of a shop selling clothing, accessories and CDs
Surface: 45 m²
Completion date: 1999

■ **Franklin Roosevelt metro station**
Paris 8th, France
Client: RATP and Comité Colbert
Maîtrise d'œuvre: Christian Biecher,
assisted by: Matei Agarici, architect;
Alexis Coussement, lighting consultant;
Diasonic, acoustics consultant
Description: internal layout and audiovisual
displays for the Franklin D Roosevelt metro
Competition date: 1999

 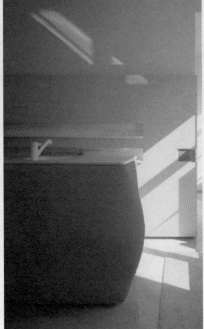 

■ **Musée de la Publicité**
Rue de Rivoli, Paris 1ᵉʳ, France
Maîtrise d'ouvrage : E.P.G.L. et U.C.A.D.
Maîtrise d'œuvre : Christian Biecher, assisté
de Matei Agarici, architecte
Description : aménagement intérieur d'espaces
d'exposition, et d'un centre de documentation
Surface : 700 m²
Date du concours : 1997

■ **Le petit café**
Passage de Retz, rue Charlot, Paris 3ᵉ, France
Maîtrise d'ouvrage : Passage de Retz
Maîtrise d'œuvre : Christian Biecher, assisté
de Patrice Juin
Description : aménagement intérieur et
mobilier d'un café de 12 places dans un centre
d'expositions
Surface : 30 m²
Date d'achèvement : 1997

■ **Bibliothèque départementale de l'Aude**
Carcassonne, France
Maîtrise d'ouvrage : Ministère de la Culture,
D.D.E. de l'Aude, conducteur de l'opération
Maîtrise d'œuvre : Christian Biecher, assisté
de : Ursula Kurz, paysagiste ; Tetraserf et Louis
Choulet, B.E.T.
Description : conception et construction de
la Bibliothèque départementale de prêt
de l'Aude en lisière de la ville de Carcassonne
Surface : 1 600 m²
Date d'achèvement : 1994

■ **Musée de la Publicité**
Rue de Rivoli, Paris 1st, France
Client : E.P.G.L. et U.C.A.D.
Project management: Christian Biecher,
assisted by Matei Agarici, architect
Description : internal layout of exhibition
spaces and a documentation centre
Surface : 700 m²
Competition date : 1997

■ **Le petit café**
Passage de Retz, rue Charlot, Paris 3rd, France
Client : Passage de Retz
Project management: Christian Biecher,
assisted by Patrice Juin
Description: internal layout and furniture
for a café seating 12 customers in an exhibition
centre
Surface: 30 m²
Completion date: 1997

■ **Aude county library**
Aude, France
Client: Ministry of Culture, D.D.E. de l'Aude,
works supervision
Project management: Christian Biecher,
assisted by: Ursula Kurz, landscape designer;
Tetraserf and Louis Choulet, engineers
Description: design & build of the Aude
lending library next to the city of Carcassonne
Surface: 1 600 m²
Completion date: 1994

■ **Marc Chagall, les années russes, 1907/1927, Musée d'Art moderne, Paris 16ᵉ**
Maîtrise d'ouvrage : Paris-Musées
Maîtrise d'œuvre : Christian Biecher
Description : architecture de l'exposition comprenant le mobilier, la signalétique et la lumière
Surface : 800 m²
Année de l'exposition : 1995

■ **Lace, p. 130**
Vase et claustra
Fabricant : Manufacture nationale de Sèvres
Design : Christian Biecher, assisté de Pascal Schaller, designer
Description : système de claustra en biscuit de porcelaine en coédition avec la galerie Mouvements Modernes
Année de création : 2009

■ **Démesure, p. 134**
Céramiques
Fabricant : Marazzi group
Design : Christian Biecher, assisté de : Estelle Petit et Pascal Schaller, designers
Description : collection de carreaux de céramiques, mosaïques de verre, joints et peintures selon trois gammes : colorielle, urbaine, graphique
Année de création : 2008

■ **Marc Chagall, les années russes, 1907/1927, Musée d'Art Moderne, Paris 16th**
Client: Paris-Musées
Project management: Christian Biecher
Description: exhibition architecture including furniture, signage and lighting
Surface: 800 m²
Year of exhibition: 1995

■ **Lace, p. 130**
Vase and claustra
Manufacturer: Manufacture nationale de Sèvres
Design: Christian Biecher, assisted by Pascal Schaller, designer
Description: porcelain biscuit screen wall system jointly developed with the modern movements gallery
Year of creation: 2009

■ **Démesure, p. 134**
Ceramics
Manufacturer: Marazzi group
Design: Christian Biecher, assisted by: Estelle Petit and Pascal Schaller, designers.
Description: collection of ceramic tiles, glass mosaics, joints and paints broken down into three ranges: colour, urban, graphic
Year of creation: 2008

■ **Bernhardt Design, p. 140**
Sièges, tables, textiles
Fabricant : Bernhardt Design, États-Unis
Design : Christian Biecher, assisté
de Pascal Schaller, designer
Description : collections de sièges, tables, textiles
Année de création : Abra, 2002 ; Vero, 2004 ;
Onda, 2007

■ **Maison Drucker**
Fauteuil et chaise
Fabricant : Drucker, France
Design : Christian Biecher, assisté de Pascal
Schaller, designer
Description : fauteuil et chaise tissées
en Rilsan®
Année de création : 2007

■ **Mouvements Modernes, p. 133**
Collection de mobilier
Edition : Mouvements Modernes, Paris, France
Design : Christian Biecher, assisté de Pascal
Schaller, designer
Description : semainier, banc, tapis, chaise,
canapé et lampe, édités en séries limitées
Lumière, tapis/Cercle, lampe/Rouge,
semainier/Sophia, canapé/Argent,
chaise/Vertèbres, banc
Année de création : 2005

■ **Bernhardt Design, p. 140**
Chairs, tables, textiles
Manufacturer: Bernhardt Design, United States
Design: Christian Biecher, assisted by Pascal
Schaller, designer
Description: collections of chairs, tables and
textiles
Year of creation: Abra, 2002 ; Vero, 2004 ; Onda,
2007

■ **Maison Drucker**
Armchair and chair
Manufacturer: Drucker, France
Design: Christian Biecher, assisted by Pascal
Schaller, designer
Description: woven Rilsan® armchair and chair.
Year of creation: 2007

■ **Mouvements Modernes, p. 133**
Collection of fourniture
Edition: Mouvements Modernes, Paris, France
Design: Christian Biecher, assisted by Pascal
Schaller, designer
Description: chest, bench, carpet, chair, sofa
and lamp, limited series editions
Light, carpet/Circle, lamp/Red, chest/Sophia,
sofa/Silver, chair/Vertebra, bench
Year of creation: 2005

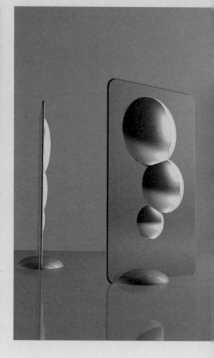

■ **Ruinart**
Coffret Collection Prestige 2007
Client : Champagne Ruinart, France
Design : Christian Biecher, assisté
de Pascal Schaller, designer
Description : création d'un bouchon et
du coffret Collection Prestige Ruinart 2007
Année de création : 2007

■ **Plaques sensibles**
Vase
Commanditaire : Intramuros
Design : Christian Biecher
Description : invitation à l'occasion des 20 ans
de la revue *Intramuros* à créer un objet à partir
d'une plaque A4 de Corian
Année de création : 2006

■ **Trophée**
Trophée de championnat
Edition : Ligue de football professionnel
Design : Christian Biecher assisté de Pascal
Schaller, designer
Design : trophée et médailles du championnat
de France de Ligue 2
Année de création : 2005

■ **Ruinart**
Coffret Collection Prestige 2007
Client: Champagne Ruinart, France
Design: Christian Biecher, assisted by Pascal
Schaller, designer
Description: design of a cork and the
Collection Prestige Ruinart 2007 case
Year of creation: 2007

■ **Sensitive panels**
Vase
Sponsor: Intramuros
Design: Christian Biecher
Description: to celebrate the 20th anniversary
of the *Intramuros* magazine, invitation to
create an object from an A4 panel of Corian
Year of creation: 2006

■ **Trophée**
Championship trophy
Edition: Professional football league
Design: Christian Biecher assisted by Pascal
Schalller, designer
Design: trophy and medals for the 2nd League
French championship
Year of creation: 2005

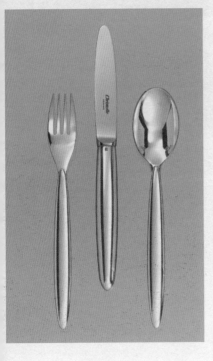

■ **Drop**

Couverts en métal argenté

Fabricant : Christofle, France

Design : Christian Biecher, assisté
de Pascal Schaller, designer

Description : service de table de 24 pièces
en métal argenté

Année de création : 2004

■ **Attraction**

Flacons de parfum

Client : Lancôme, France

Design : Christian Biecher, assisté
de : Agnès Cambus, Pascal Schaller, designers

Description : conception des flacons de la ligne
de parfum, lotion, crème, etc

Année de création : 2003

■ **Slot**

Mobilier

Fabricant : Soca, France

Design : Christian Biecher, assisté de Agnès
Cambus, designer

Description : collection de banquettes,
fauteuils, chaises, bridges, tabourets et tables

Année de création : 2002

■ **Drop**

Silver plate cutlery

Manufacturer: Christofle, France

Design: Christian Biecher, assisted by Pascal
Schaller, designer

Description: 24 pieces silver plate table service

Year of creation: 2004

■ **Attraction**

Perfume bottle

Client: Lancôme, France

Design: Christian Biecher, assisted by: Agnès
Cambus, Pascal Schaller, designers

Description: design of bottles for the perfume,
lotion, cream, etc. line

Year of creation: 2003

■ **Slot**

Furniture

Manufacturer: Soca, France

Design: Christian Biecher, assisted by Agnès
Cambus, designer

Description: collection of benches, armchairs,
chairs, bridge chairs, stools and tables

Year of creation: 2002

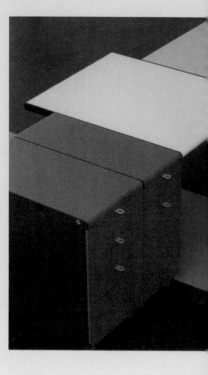

■ **Koro**
Appareils d'éclairage
Fabricant : De Majo, Murano, Italie
Design : Christian Biecher, assisté
de Agnès Cambus, designer
Description : collection de 8 pièces en verre
soufflé
Année de création : 2001

■ **Intérieur Supermoderne**
Carte Blanche V.I.A.
Commanditaires : V.I.A. avec le concours
de Poltrona Frau, Baccarat, CLP/Française
de Marquéterie
Design : Christian Biecher
Description : mobilier pour un intérieur super
moderne comprenant chaise longue inclinable
en mousse gainée de cuir, bridge en polypropylène injecté, table en cristal, armoire basse
en bois marqueté
Année de création : 2000

■ **Slide**
Mobilier de bureau
Fabricant : Aridi, Barcelone, Espagne
Design : Christian Biecher
Description : système de mobilier et éclairage
de bureau
Année de création : 1999

■ **Koro**
Lighting appliances
Manufacturer: De Majo, Murano, Italy
Design: Christian Biecher, assisted by Agnès
Cambus, designer
Description: collection of eight blown glass
articles
Year of creation: 2001

■ **Intérieur Supermoderne**
Carte Blanche V.I.A.
Sponsors: V.I.A. with assistance from Poltrona
Frau, Baccarat, CLP/Française de Marqueterie
Design: Christian Biecher
Description: furniture for an ultra-modern
interior including adjustable chaise longue
inleather covered foam, injected polypropylene
bridge chair, crystal table, low cupboard
in inlaid wood
Year of creation: 2000

■ **Slide**
Office furniture
Manufacturer: Aridi, Barcelona, Spain
Design: Christian Biecher
Description: office furniture and lighting
system
Year of creation: 1999

■ **Trois roses**
Vase en cristal
Fabricant : Baccarat, France
Design : Christian Biecher
Description : vase en cristal doublé et taillé.
Achat du fond national d'art contemporain,
1998
Dépôt au musée des Arts décoratifs à Paris
Année de création : 1998

■ **Yvon**
Chaise
Fabricant : Sazaby Inc., Tokyo, Japon
Design : Christian Biecher
Description : chaise en multiplie de bouleau
Année de création : 1993 (aide à la création
VIA), 1996 (Edition)

■ **Rica**
Coupe en céramique émaillée
Editeur : Sentou
Design : Christian Biecher
Description : vases et coupe en céramique
émaillée. Collection musée des Arts décoratifs,
Paris
Année de création : 1993

■ **Trois roses**
Crystal vase
Manufacturer: Baccarat, France
Design: Christian Biecher
Description: vase in lined, cut crystal
Bought by the Fond National d'Art
Contemporain, 1998
Deposited in the Musée des Arts Décoratifs
in Paris
Year of creation: 1998

■ **Yvon**
Chair
Fabricant: Sazaby Inc., Tokyo, Japan
Design: Christian Biecher
Description: beech multi-ply chair
Year of creation: 1993 (development
assistance by VIA), 1996 (Edition)

■ **Rica**
Enamelled ceramic objects
Editor: Sentou
Design: Christian Biecher
Description: enamelled ceramic vases and
dishes. Held by the Musée des Arts Décoratifs
collection, Paris
Year of creation: 1993

Christian Biecher, architecte

Formation, enseignement, prix.
1989, diplôme d'architecte à l'École d'architecture de Paris-Belleville sous la direction de Henri Ciriani ;
1986-1992, architecte assistant de Bernard Tschumi à Paris et New York ;
1990-1997, professeur assistant à Columbia University (the Graduate School of Architecture) New-York ;
1992, s'installe à Paris en profession libérale ;
1993, lauréat des Albums de la jeune architecture (ministère de l'Équipement) ;
1997, création de CBA (Christian Biecher & Associés), professeur invité au Bauhaus (product design department) Weimar ;
1998, début de la représentation de CBA au Japon par HA2 à Tokyo ;
1999, lauréat de la Carte blanche *VIA* 2000 ;
1999-2000, professeur invité à l'E.S.A. (École spéciale d'architecture) ;
2001, élu créateur de l'année (Maison & Objet, Paris), élu New Designer (ICFF-International Contemporary Furniture Fair, NY) ;
2008, nommé au grade de chevalier dans l'Ordre national du mérite par le président de la République ;
2008, lauréat du Grand Prix Stratégies du Design 2008.

Réalisations architecturales
The Starship. Architecture d'un ensemble immobilier à usage de bureaux et commerces (180 000 m²), Orco Property Group. Prague, République Tchèque, en cours d'étude.
Hôtel Chambon de la Tour. Aménagement intérieur de l'hôtel et du restaurant (800 m²). Uzès, France, en cours.
Budapest Stock Exchange. Réhabilitation de l'ancienne bourse de Budapest en centre de commerces, bureaux et restaurants (18 000 m²), Orco Property Group. Budapest, Hongrie, en cours d'étude.
Orco Tower. Réhabilitation d'un immeuble de 30 étages à usage de bureau (25 000 m²), Orco Property Group. Varsovie, Pologne, en cours d'étude.
Nissen Building. Architecture d'un immeuble à usage de bureau (9 600 m²), Nissen Group. Kyoto, Japon, en cours d'étude.
Lyon confluence. Aménagement intérieur du pôle de loisirs et commerces de Lyon confluence (21 000 m²), Unibail. Lyon, en cours d'étude.
Fauchon. Aménagement des nouveaux espaces Fauchon (magasins, boulangeries, cafés, restaurants), Tokyo (200 m²), Pékin (1 300 m²) 2007, Paris (1 000 m²) 2008. Casablanca (1 000 m²), Koweït city, en cours d'étude.
Centre d'animation Lilas. Architecture d'un centre socio-culturel accueillant salle de spectacle et studios de danse, arts plastiques, cuisines, langues (2000 m²). Ville de Paris, 2007.
Harvey Nichols. Aménagement intérieur et façades de magasins et restaurants. Hong Kong (6 000 m²), Dublin (3 000 m²) 2005, Bristol (3 500 m²), 2008.

Crèche Charenton. Réhabilitation d'une crèche collective de 60 berceaux à Paris (775 m²). Ville de Paris, 2005.
Office du tourisme de Paris. Aménagement intérieur des espaces d'accueil du public, réhabilitation des façades, 25/27 rue des Pyramides à Paris. OTCP, 2004.
Maison de quartier Sora. Architecture d'un immeuble accueillant café, bibliothèque, salle de jeux, salles de banquet, chambres d'hôtes. Mitsui Fudosan, Shiki, Japon, 2004.
Pierre Hermé. Aménagement intérieur d'une pâtisserie (50 m²), Paris, 2004.
Maison Beckerich. Architecture d'une maison privée (350 m²). Issy-les-Moulineaux, 2003.
Yvon Lambert. Aménagement intérieur d'une galerie d'art (800 m²). Paris, 2003.
Estnation. Aménagement intérieur et façades d'un grand magasin, Yurakucho (1 600 m²) 2001, Roppongi (3 000 m²) 2003, Tokyo.
Salon vidéo du Pavillon de l'Arsenal. Aménagement intérieur de l'espace de consultation des archives vidéo. Bibliothèque du Pavillon de l'Arsenal. Paris, 2001.
Tur Building. Architecture d'un immeuble à usage de commerces (400 m²). Jingumae, Tokyo, 2001.
Pavillon Mitsui. Architecture d'un immeuble à usage de bureaux et appartements témoins (1 600 m²). Minami-Aoyama, Tokyo, 2001.
Korova. Aménagement intérieur, conception du mobilier et des accessoires d'un restaurant de 150 places avec bar (250 m²). Paris, 2000.
Joseph. Aménagement intérieur et conception du mobilier d'un magasin de vêtements et d'un restaurant (800 m²). Paris, 2000.
Issey Miyake. Aménagement intérieur et mobilier du siège social de Issey Miyake Inc. (4 200 m²). Shibuya, Tokyo, 2000.
Caisse des dépôts et consignations. Aménagement intérieur de la direction bancaire (15 000 m²). Paris, 1999.
Tsumori Chisato. Aménagement intérieur et conception du mobilier d'une boutique de vêtements et accessoires (160 m²). Paris, 1999.
Hôpital Charlon. Architecture d'une clinique de 60 lits et d'un bâtiment technique (6 000 m²). Hénin-Beaumont, 1999.
Le Petit Café. Aménagement intérieur d'un café de 12 places (30 m²). Passage de Retz, Paris, 1997.
Bibliothèque départementale de l'Aude. Architecture d'une bibliothèque de prêt (1 600 m²). Carcassonne, 1994.

Réalisations en design produit
Style. Collection de céramiques, **Démesure**, Lyon, 2008.
Madeleine, chaumont, royal Collection d'extérieure de sièges, **Maison Drucker**, Paris, France. 2008
Lace. Système constructif de claustra en biscuit, **Manufacture de Sèvres**, en cours.
Drop. Service de table en métal argenté, **Christofle**, Paris, 2004.
Vero, Sièges et tables basses, Lenoir (nc), **Bernhardt Design**, États-Unis, 2004.
Attraction. Flacons de la ligne de parfum pour femme, **parfums Lancôme**, Paris, 2003.
Abra. sièges et tables basses, **Bernhardt Design**, Lenoir (nc), États-Unis, 2002.
Slot. Sièges, tables, tables basses, **Soca**, Carquefou, 2001.
Koro. Luminaires en verre soufflé, **De majo**, Venise, 2001.
Trans. Mobilier domestique, **Neotu**, Paris, 2001.
Strip. Sièges en cuir matelassé, **Poltrona frau**, Tolentino, 2000.
Slide. Ligne de mobilier de bureau, **Aridi**, Barcelone, 1999.
Grigri. Mobilier domestique, **Ha2**, Tokyo, 1999.
Flowers. Céramiques, **Sentou**, Paris, 1999.
Diabolo. Appareil d'éclairage, **Radian**, Paris, 1998.
Trois-roses. Vase en cristal doublé, **Baccarat**, Paris, 1998.
Yvon. Chaise en multiply de bouleau et stratifié, **Sazaby**. inc., Tokyo 1996.
600. Système combinable de sièges d'attente. **Addform.** Paris, 1994.

Expositions
Mouvements Modernes. *Vivre avec*, Paris, avril-mai 2005.
Musée des Arts décoratifs. *Christian biecher before*, Paris, mars-avril 2002.
Neotu. Mobilier et luminaires. Paris, janvier 2001.
H.A.deux. *French touch*, mobilier et luminaires. Tokyo, octobre 1999.

Bibliographie
Christian Biecher, architecte, designer, par Florence Michel et Constance Rubini, éditions Grégoire Gardette, Nice, 2002
Christian Biecher, collection design & designers, préface par Christian Lacroix, éditions Pyramid, Paris, 2003
Christian Biecher Architecte, introduction de Cristina Morozzi, essai de Philippe Trétiack, éditions AAM, Ante Prima, Silvana Editoriale.

Christian Biecher, architect

Education, teaching, awards.

1989, architect diploma, École d'architecture de Paris-Belleville;
1986-1992, designer for Bernard Tschumi Architects, Paris and New York;
1990-1997, assistant professor, Columbia University GSAP, New York–Paris Program;
1992, establishes free lance practice in Paris;
1993, award winner of Albums de la jeune architecture (Ministry of Culture, France);
1997, establishes CBA (Christian Biecher & Associés), visiting professor at the Bauhaus School of Design, Weimar;
1998, HA2 representative of CBA starting in Tokyo, Japan;
1999, award winner of Carte Blanche *VIA* 2000 (French Furniture Industries);
1999-2000, visiting professor of architecture at E.S.A. (École spéciale d'architecture), Paris;
2001, "Designer of the Year" (Maison&Objet, Paris);
2002, "New Designer" (ICFF-International Contemporary Furniture Fair, New York), Best of "NeoCon Silver Award" (Chicago):
2008, award winner of Grand Prix Stratégies du Design 2008.

Architectural references

The Starship. Architectural design of a building for retail and offices (180 000 m²), Orco Property Group. Prague, Czech Republic, in progress.
Chambon de la Tour hotel. Interior design and furniture of an hotel and a restaurant. (800 m²). Uzès, France, in progress.
Budapest Stock Exchange. Refurbishment of the 1920 building into a center for retail, offices, restaurants (18 000 m²). Orco Property Group, Budapest, Hungary, in progress.
Orco Tower. Architectural design of a 30 floor office building (25 000 m²). Orco property Group, Warsaw, Poland, in progress.
Nissen Building. Architectural design of the new HQ of Nissen (9 600 m²). Nissen Group, Kyoto, Japan, work in progress.
Lyon Confluence. Interior design of a center for leisure and retail center (21 000 m²). Lyon, France, in progress.
Fauchon. Architectural concept for the new Fauchon restaurants, stores and bakeries throughout the world. Tokyo (200 m²), Beijing (1 300 m²) 2007, Paris (1 000 m²) 2008, Casablanca (1 000 m²), Kuwait City, in progress.
Animation Center. Architectural design of a public facility including theatre, gallery, studios for dance, art and cooking. City of Paris, 2007.
Harvey Nichols. Interior design and furniture of Harvey Nichols new department stores, including restaurants, night club, bar, spa... Hong Kong (6 000 m²), Dublin (3 000 m²) 2005, Bristol (3 500 m²), 2008.
Charenton nursery. Rehabilitation and extension of a day-care nursery centre with 60 cradles (775 m²). City of Paris, 2005.
Paris tourists Office. Interior design and facades of the central tourists' office space, Paris, 2004.

Sora Community Center. Architectural design for a private facility including café, library, kids rooms, banquet rooms. Nomura, Shiki (Japan), 2004.
Pierre Hermé. Interior design of pastry shop and food packaging design (50 m²). Paris, 2004.
Beckerich House. Architectural design of a private residence (350 m²). Issy-les-Moulineaux, 2003.
Yvon Lambert. Interior design of an art gallery and bookstore (800 m²). Paris, 2003.
Estnation. Interior design of a new concept of department stores. Yurakucho (1 600 m²), 2001, Roppongi (3 000 m²), 2003, Tokyo.
Video lounge. Interior design of the video section. Library of the Pavillon de l'Arsenal. Paris, 2001.
Tur Building. Architectural design of a building for 2 retail spaces (400 m²). Jingumae, Tokyo, 2001.
Mitsui Pavilion. Architectural design of a building for offices and model rooms (1 600 m²). Minami-Aoyama, Tokyo, 2001.
Korova. Interior design, furniture and accessories of a restaurant of 150 seats and a bar (250 m²). Paris, France, 2000.
Joseph. Interior design of Joseph store and restaurant (800 m²). Paris, 2000.
Issey Miyake. Interior design of Issey Miyake Inc. headquarters (4 200 m²). Shibuya, Tokyo, 2000.
Caisse des Dépôts et Consignations. Interior design of an office building (15 000 m²). Paris, 1999.
Tsumori Chisato. Interior design of Tsumori Chisato flagshipstore (160 m²). Paris, 1999.
Long term care clinic. 60 beds clinic with medical facilities (6 000 m²). Ministry of Public Health, Hénin-Beaumont, 1998.
Le Petit Café. Interior design of a café (30 m²). Passage de Retz, Paris, 1997.
Aude District Library. Architectural design of a Public library (1 600 m²), Carcassonne, 1994.

Product design references

Style. Tiles. **Démesure**, Lyon, France ,2008.
Madeleine, Chaumont, Royal. Outdoor seats, **Maison Drucker**, France, 2008.
Lace. Screen wall in biscuit porcelain modules, **Manufactures de Sèvres**, in progress.
Drop. Silverwear, **Christofle**, Paris, 2005.
Vero. Seats and tables. **Bernhardt Design**, Lenoir (NC), 2004.
Attraction. Bottles and containers of the new fragrance for women. **Parfums Lancôme**, Paris, 2003.
Abra. Seats and tables. **Bernhardt design**, Lenoir (NC), 2002.
Slot. Seats and tables. **Soca**, France, 2002.
Koro. Blown Venetian glass lamps. **De majo**, Venice (I), 2001.
Trans. Home furniture. **Neotu**, Paris, 2001.
Strip. Leather padded seats, **Poltona frau**, Tolentino (Italy), 2000.
Slide. Office furniture. **Aridi**, Gerona (E), 2000.
Grigri. Home furniture. **HA2**, Tokyo, 1999.
Flowers. Ceramics. **Sentou**, Paris, 1999.
Diabolo. Ceiling light. **Radian**, Paris, 1998.
Trois roses. Crystal vase. **Baccarat**, Paris, 1998.

Yvon. Plywood and laminate chair. **Sazaby Inc.**, Tokyo, 1996.
600. Easy chairs for public spaces. **Addform**, Paris, 1993.

Solo exhibitions

Mouvements Modernes. *Vivre avec*, Paris, April-May 2005.
Musée des Arts décoratifs. *Christian Biecher Before*. Paris, March-April 2002.
Neotu. Furniture and lighting, Paris, January 2001.
H.A.Deux. *French touch*, furniture and lighting, Tokyo, October 1999.

Bibliography

Christian Biecher architecte, designer, Florence Michel and Constance Rubini, Ed. Grégoire Gardette, Paris, 2002.
Christian Biecher, foreword by Christian Lacroix, coll. design&designers, Ed. Pyramyd, Paris, 2003.
Christian Biecher architecte, introduction by Cristina Morozzi, essai de Philippe Trétiack, Ed AAM, Ante Prima, Silvana Editoriale.

Photos Luc Boegly, excepté les pages suivantes :

– photo n°2 p. 6 : Christophe Fillioux ;
– photo n°3 p. 7 : Mouvements Modernes ;
– photo n°4 p. 7 : Jean-Marie Monthiers ;
– photo n°5 p. 8 : Jean-Marie Monthiers et Jean-Luc Mabit ;
– photo n°7 p. 9 : Jean Chenel ;
– photo n°9 p. 11 : Christophe Fillioux ;
– photo n°10 p. 11 : Peter Knaup ;
– photo n°15 p. 15 : Fabrice Bouquet ;
– photo n°16 p. 16 : Yoshio Shiratori ;
– photo n°20 p. 20 : Bernhardt Design ;
– p.61-65 : William Furniss ;
– p.105, 106, 108, 109 : HA Deux ;
– p.111-117 : Jean-Marie Monthiers ;
– p.123-125 : Espace SA ;
– p.129, 132, 133 : Mouvements Modernes ;
– p.134-138 : Fabrice Bouquet ;
– p.141-143 : Bernhardt Design ;
– p. 155 : gauche – Studio Sezz, droite – Jean-François Jaussaud ;
– p. 156 : droite – William Furniss ;
– p. 157 : gauche – Gerry O'Leary ;
– p. 158 : gauche et droite – Studio Sezz ;
– p. 159 : droite – HA Deux ;
– p. 161 : gauche – André Morin, droite – Keisuke Miyamoto ;
– p. 162 : gauche et milieu – Jean-François Jaussaud ;
– p. 163 : gauche – Christophe Fillioux, milieu – Yoshio Shiratori, droite – Jean-Marie Monthiers ;
– p. 164 : milieu – HA Deux, droite – Artefactory ;
– p. 165 : gauche et milieu – Espace SA ;
– p. 166 : droite – Marc Domage ;
– p. 167 : gauche – Artefactory, milieu et droite – Jean-Marie Monthiers ;
– p. 168 : gauche – Jacques Gavard, milieu – Espace SA, droite – Synthoma ;
– p. 169 : gauche – Studio Gui, milieu – Jean-Marie Monthiers et Jean-Luc Mabit, droite – Roland Beaufre ;
– p. 170 : gauche – Vincent Thibert, droite – Fabrice Bouquet ;
– p. 171 : gauche – Bernhardt Design, droite – Mouvements Modernes ;
– p. 172 : gauche – Ruinart ;
– p. 173 : gauche – Peter Knaup, milieu – Lancôme, droite – Soca ;
– p. 174 : gauche – Leone Usicco, milieu – Christophe Fillioux, droite – Carmen Massia ;
– p. 175 : gauche – Jean Chenel, milieu – Sazaby, droite – Christophe Fillioux.

Photos Luc Boegly, except these next pages:

– photo n°2 p. 6: Christophe Fillioux;
– photo n°3 p. 7: Mouvements Modernes;
– photo n°4 p. 7: Jean-Marie Monthiers;
– photo n°5 p. 8: Jean-Marie Monthiers and Jean-Luc Mabit;
– photo n°7 p. 9: Jean Chenel;
– photo n°9 p. 11: Christophe Fillioux;
– photo n°10 p. 11: Peter Knaup;
– photo n°15 p. 15: Fabrice Bouquet;
– photo n°16 p. 16: Yoshio Shiratori;
– photo n°20 p. 20: Bernhardt Design;
– p.61-65: William Furniss;
– p.105, 106, 108, 109: HA Deux;
– p.111-117: Jean-Marie Monthiers;
– p.123-125: Espace SA;
– p.129, 132, 133: Mouvements Modernes;
– p.134-138: Fabrice Bouquet;
– p.141-143: Bernhardt Design;
– p. 155: left – Studio Sezz, right – Jean-François Jaussaud;
– p. 156: right – William Furniss;
– p. 157: left – Gerry O'Leary;
– p. 158: left and right – Studio Sezz;
– p. 159: droite – HA Deux;
– p. 161: left – André Morin, right – Keisuke Miyamoto;
– p. 162: left and middle – Jean-François Jaussaud;
– p. 163: left – Christophe Fillioux, middle – Yoshio Shiratori, right – Jean-Marie Monthiers;
– p. 164: middle – HA Deux, right – Artefactory;
– p. 165: left and middle – Espace SA;
– p. 166: right – Marc Domage;
– p. 167: left – Artefactory, middle and right – Jean-Marie Monthiers;
– p. 168: left – Jacques Gavard, middle – Espace SA, right – Synthoma;
– p. 169: left – Studio Gui, middle – Jean-Marie Monthiers and Jean-Luc Mabit, right – Roland Beaufre;
– p. 170: left – Vincent Thibert, right – Fabrice Bouquet;
– p. 171: left – Bernhardt Design, right – Mouvements Modernes;
– p. 172: left – Ruinart;
– p. 173: left – Peter Knaup, middle – Lancôme, right – Soca;
– p. 174: left – Leone Usicco, middle – Christophe Fillioux, right – Carmen Massia;
– p. 175: left – Jean Chenel, middle – Sazaby, right – Christophe Fillioux.

Christian Biecher et Ante Prima expriment toute leur gratitude
à celles et ceux qui ont contribué à la réalisation de cet ouvrage.
Ce livre a été réalisé avec le soutien de :

• Bernhardt Design,
• Marazzi France (Démesure),
• Jean-Jacques Vallée.

Production, Ante Prima Consultants, Paris
Direction de l'ouvrage, Luciana Ravanel
Coordination et suivi éditorial, Chloé Lamotte

Auteurs
Essai, Philippe Trétiack
Introduction, Cristina Morozzi

Conception et design graphique, Maryse Khoriaty,
assistée de Bertrand Fèvre

Reportages photographiques originaux, Luc Boegly

Traducteur, Nick Hargreaves

Impression, BM, Canéjan (33), France

Christian Biecher and Ante Prima are grateful to all those who have
contributed to the creation of this book. This book was prepared with
the support of :

• Bernhardt Design,
• Marazzi France (Démesure),
• Jean-Jacques Vallée.

Production, Ante Prima Consultants, Paris
Producer, Luciana Ravanel
Coordination and editorial work, Chloé Lamotte

Authors
Essay, Philippe Trétiack
Introduction, Cristina Morozzi

Graphic design, Maryse Khoriaty
with Bertrand Fèvre

Original photo reports, Luc Boegly

Translator, Nick Hargreaves

Printing, BM, Canéjan (33), France

Éditions/Publisher
Archives d'Architecture Moderne
Rue de l'Ermitage 55
1050 Bruxelles, Belgique
http://www.aam.be

©2008/AAM/Christian Biecher/Ante Prima
ISBN : 978-2-87143-211-1
Dépôt légal : D/2008/1802/20